ABITUR-TRAINING
ENGLISCH

Frank-Michael Bülow

Grundlagen der Textarbeit
mit Aufgaben und Lösungen

Bildnachweis
Umschlag: © Victoria Shepherd, 4 Site Design

ISBN-13: 978-3-89449-158-1
ISBN-10: 3-89449-158-2

© 1987 by Stark Verlagsgesellschaft mbH & Co. KG
D-85318 Freising · Postfach 1852 · Tel. (08161) 1790
Nachdruck verboten!

Inhalt

Vorwort

1 Was bedeutet Textarbeit im Unterricht? 1

2 Texterschließung 7

2.1 Methodik 7

2.2 Musteraufgabe 10

2.3 Übung 14

3 Analyse von Sachtexten 17

3.1 Textsorten und Textformen 19

3.2 Inhalt und Aufbau 21

3.3 Sprache und Gestalt 25

3.4 Musteraufgabe 32

3.5 Übung 38

4 Auswertung der Analyse 43

4.1 Einstellung des Autors zum Textgegenstand 44

4.2 Zielgruppe 45

4.3 Verhältnis zum Leser 46

Fortsetzung siehe nächste Seite!

4.4	Beabsichtigte Wirkung beim Leser	47
4.5	Musteraufgabe	49
4.6	Übung	53

5 Literarische Texte 55

5.1	Lyrische Dichtung	58
5.1.1	Betrachtung des Textes als Ganzes	60
5.1.2	Analyse der einzelnen Elemente	61
5.1.3	Grundarten der Dichtung	77
5.1.4	Plan zur Gedichtanalyse	78
5.1.5	Gedichtinterpretation	80
5.1.6	Musteraufgabe	81
5.1.7	Übung	84
5.2	Prosadichtung	86
5.2.1	Betrachtung des Textes als Ganzes	86
5.2.2	Analyse der einzelnen Elemente	87
5.2.3	Unterschiedliche Arten von Erzähltexten	99
5.2.4	Plan zur Erschließung erzählender Texte	100
5.2.5	Musteraufgabe	103
5.2.6	Übung	107
5.3	Dramatische Texte	109
5.3.1	Betrachtung des Textes als Ganzes	110
5.3.2	Analyse der einzelnen Elemente	110
5.3.3	Plan zur Erschließung dramatischer Texte	123
5.3.4	Musteraufgabe	127
5.3.5	Übung	131

6 Lösungsvorschläge 135

7 Stichwortverzeichnis 149

| 7.1 | Deutsch | 149 |
| 7.2 | Englisch | 150 |

Autor: Frank-Michael Bülow

Vorwort

Liebe Kollegiatin, lieber Kollegiat,

die Arbeit mit Texten, sowohl mit Texten der Alltags- und Gebrauchssprache als auch mit literarischen Texten, stellt einen Kernbereich des Englischunterrichts der gymnasialen Oberstufe dar.

Das vorliegende Buch will Ihnen eine Hilfe sein bei Ihrem Bemühen um Verbesserung von Kenntnissen und Fertigkeiten im Umgang mit schriftlichen Texten. Es ist insbesondere für das Selbststudium und die **Vorbereitung auf Klausuren** und die **Abiturprüfung** konzipiert.

In den fünf Kapiteln wird die **grundsätzliche Arbeitstechnik** der Textarbeit systematisch und praxisorientiert dargelegt. Jedes Kapitel schließt mit einem **Fragenkatalog** ab, der es Ihnen ermöglicht, Ihr Verständnis des betreffenden Stoffes selbständig zu überprüfen. Außerdem werden die Ausführungen jeweils an **Textbeispielen** demonstriert. Zusätzliche **Übungsaufgaben** bieten Ihnen schließlich die Möglichkeit, das Gelernte unmittelbar in die Praxis umzusetzen. Aus den **Lösungsvorschlägen** zu diesen Übungen können Sie dann ersehen, welche Anforderungen bei der Bearbeitung der einzelnen Aufgaben erwartet werden, und Ihre Ergebnisse selbst beurteilen.

Ich hoffe, daß die Darstellung wie auch die Übungen Ihnen helfen werden,
• Sicherheit im Umgang mit Texten zu gewinnen,
• Ihre Fertigkeiten bei der Textarbeit zu verbessern,
und Sie so in Zukunft mehr Freude und Erfolg im Umgang mit Texten haben werden.

Frank-Michael Bülow

1 Was bedeutet Textarbeit im Unterricht?

Die Arbeit mit Texten stellt ohne Zweifel einen Hauptinhalt des sprachlichen Unterrichts dar. Und dies erscheint gerechtfertigt, da wir auch außerhalb des Unterrichts und der Schule tagtäglich mit Texten umgehen müssen. Nicht nur, daß wir selbst mündlich wie schriftlich immer wieder Texte produzieren, wir empfangen auch ständig Texte. Die korrekte und unmißverständliche Aufnahme der Texte verlangt vom Empfänger jedoch gewisse Fähigkeiten und Fertigkeiten, die erst erworben und in ständiger Übung geschult werden müssen.

Bei Briefen, Bedienungsanleitungen, Zeitungsartikeln etc. mögen die allgemein erworbenen Voraussetzungen für das gewünschte Verständnis noch ausreichen, vorausgesetzt die Texte sind in der Muttersprache des Empfängers abgefaßt. Etwas anders sieht das aus, wenn die Texterschließung durch zusätzliche Faktoren erschwert wird, wie z. B.:

– Der Text ist in einer Fremdsprache abgefaßt.
– Der Verfasser gehört einer anderen sozialen oder kulturellen Schicht an als der Leser.
– Der Text ist in einer früheren Epoche entstanden.
– Der Text ist absichtlich komplex gestaltet, entweder aus ästhetischen Gründen oder um die Aussage nur einem bestimmten Leserkreis zugänglich zu machen.

Berücksichtigt man darüber hinaus, daß dem Verfasser ein nahezu unübersehbares Gestaltungsmaterial zur Verfügung steht, um seine individuellen Vorstellungen in Textgestalt zum Ausdruck zu bringen, der Leser andererseits bei seinem Bemühen, den Text zu erfassen, von eigenen Erfahrungen, Einstellungen und Erwartungen beeinflußt wird, so erscheint das korrekte Verstehen eines Textes nicht mehr als Selbstverständlichkeit.

Diese Erkenntnis ist eine Voraussetzung für die Einsicht, daß, um einen Text wirklich zu verstehen, sich der Leser in vielen Fällen geistig mit dem Text auseinandersetzen und sich aktiv um das Verständnis bemühen muß. Textverständnis ist also das Resultat eines gedanklichen Arbeitsprozesses: das Ergebnis von **Textarbeit**.

Um nun auch bei komplexen Texten ein korrektes Verständnis zu sichern, ist es notwendig, die bedeutungstragenden Elemente des Textes schrittweise zu entschlüsseln, ihr Verständnis zueinander und ihr Wirken miteinander zu erfassen sowie mit Hilfe logischer Schlußfolgerungen die beabsichtigte Aussage herauszufinden. Dies verlangt ein systematisches, genaues, fachlich und methodisch korrektes Vorgehen. Diese Methoden der Textarbeit sind erlernbar, und ihre Beherrschung bildet ein Hauptziel des sprachlichen Unterrichts, also auch des Englischunterrichts. Um den Grad der Beherrschung dieser fachlichen Methoden der Textarbeit im Englischunterricht zu überprüfen, gibt es die Lernzielkontrolle der **Textaufgabe** (reading comprehension test), die als Prüfungsform nicht nur in Klausuren, sondern auch im Abitur Anwendung findet.

Gegenstand der Textarbeit sind, wie der Name schon sagt, Texte. Die Diskussion darüber, was genau unter "Texten" zu verstehen ist, soll der Linguistik überlassen bleiben, für unsere Zwecke reicht es aus, gewisse Grundsätze festzulegen:

- Texte sind in sich zusammenhängend und strukturiert, also keine bloße Aneinanderkettung von einzelnen Sätzen.
- Sie sind geschrieben worden, um gelesen zu werden, also pragmatisch.
- Sie übermitteln allgemeine oder besondere Vorstellungen, Erfahrungen, Gefühle oder Wünsche etc.
- Sie können von den Lesern erschlossen und interpretiert werden.

Neben dem Text selbst, spielen bei der Erarbeitung des Textverständnisses noch weitere Faktoren eine Rolle, die erkannt und berücksichtigt werden sollten. Dies wird am folgenden, stark vereinfachten Textkommunikationsmodell deutlich:

Was bedeutet Textarbeit im Unterricht?

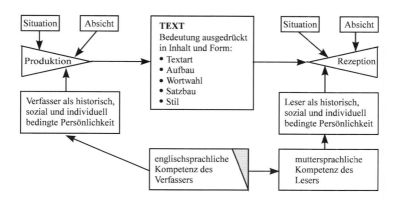

Das Modell zeigt, daß bei der Textkommunikation zwei Grundsituationen eine wichtige Rolle spielen: die **Produktionssituation**, in der der Text erstellt wird, und die **Rezeptionssituation**, in der das Textverständnis erschlossen wird. Beide Situationen werden von unterschiedlichen Faktoren beeinflußt. Darüber hinaus müssen Verfasser und Leser über einen gemeinsamen Zeichenvorrat, z. B. Wortschatz und Sprachregeln, verfügen, damit die Textkommunikation gelingt.

Auch wenn bei der Textarbeit im Unterricht die Rezeption im Mittelpunkt steht, sollte man den im Modell stark vereinfachten Gesamtzusammenhang nicht aus den Augen verlieren.

Ziel der Texarbeit ist die Deutung des betreffenden Textes, also die angemessene Würdigung des Textes als ein Ganzes. Um dorthin zu gelangen, muß der Text jedoch erst erschlossen und analysiert werden. Somit läßt sich Textarbeit grundsätzlich in drei grobe Phasen einteilen:

Texterschließung: (understanding the text)	In dieser Phase geht es um das Verstehen der Oberflächenstruktur, d. h. der vordergründigen inhaltlichen Aussagen
Textanalyse: (analysis)	Ziel dieser Phase ist es, auch die Tiefenstruktur des Textes zu erfassen, d. h. die vom Autor beabsichtigte Bedeutung der einzelnen Aussagen und Gestaltungsmittel.

Was bedeutet Textarbeit im Unterricht?

Textdeutung/ **Interpretation:** (evaluation and interpretation)	Um den Text als Ganzes zu würdigen, muß das Zusammenwirken aller Elemente der Tiefenstruktur im Hinblick auf die Gesamtaussage und die vom Autor beabsichtigte Wirkung beurteilt werden.

Gilt die Einteilung der Textarbeit in diese drei groben Phasen grundsätzlich für alle Texte, so unterscheiden sich die einzelnen Arbeitsschritte innerhalb dieser Phasen in Umfang wie Aussehen doch zum Teil erheblich je nach Textart und Textform. So sind bei der Bearbeitung literarischer Texte im Rahmen der einzelnen Phasen andere Leitfragen und Arbeitsschritte sinnvoll als z. B. bei der Untersuchung einer Rede oder eines wissenschaftlichen Textes. Daher erscheint es sinnvoll, bei den differenzierteren Ausführungen zur Textarbeit sich an der allgemeinen Einteilung der Texte in bestimmte Textarten und Textformen zu orientieren:

literarische Texte (literary/fictional texts)	• Erzähltexte (narrative texts) • Lyrische Dichtung (lyric poetry) • Dramatische Texte (dramatic texts)
Sachtexte (non-literary/non-fictional texts)	• Rede (speech) • Zeitungsberichte (news report) • Vortrag (lecture) • historische Quelle (historical document) • Interview (interview) • Werbetexte (advertisement)

Schließlich ließe sich die Textarbeit auch noch unter dem Aspekt der Textaufgabe in unterschiedliche Bereiche gliedern:

Textaufgabe	• sprachlicher Bereich (language) • inhaltlicher Bereich (contents) • Form (form) • Absicht (intention) • Stellungnahme (opinion)

Um einen Text wirklich zu verstehen, muß man seine Produktionsbedingungen sowie die eigenen Rezeptionsbedingungen mitberücksichtigen. Da wir bei vielen Texten kaum ausdrücklich etwas über deren Produktionsbedingungen erfahren oder wissen, bleibt uns nur der Text selbst. Als Ergebnis der Produktion spiegelt er auch deren Bedingungen wider. Was die Rezeptionsbedingungen anbelangt haben wir es einfacher. Nur wird dieser Bereich bei der Textarbeit allzu leicht vernachlässigt oder gar völlig übersehen. So führt z. B. die deutsche Muttersprache des Lesers eines englischen Textes bei Wörtern wie "angel, become, floor, murder, snake, spare, ..." häufig dazu, daß man glaubt, die Bedeutung dieser Wörter schon vom Deutschen her zu kennen, und das nur aufgrund ähnlicher Schreibweise. Man muß also bei der Arbeit mit englischen Texten seine eigene Kompetenz in dieser Sprache berücksichtigen. Desgleichen dürfen auch Lesegenauigkeit, Konzentrationsvermögen, Grad der psychischen Anspannung (z. B. Abiturprüfung) etc. nicht überschätzt werden.

Das heißt nun aber nicht, daß jeder Schüler vor dem Bearbeiten einer Textaufgabe eine Analyse seiner Rezeptionssituation machen muß. Doch sollte er sich in jedem Fall bewußt machen, daß im Rezeptionsbereich Faktoren existieren, die die Erarbeitung des Textverständnisses störend beeinflussen können, und folglich **seine Ergebnisse immer wieder am Text überprüfen**.

Nach Berücksichtigung der Kommunikationssituation nun zum eigentlichen Ziel der Textarbeit: dem Textverständnis. Grundsätzlich läßt sich sagen, daß man einen Text dann verstanden hat, wenn man seine inhaltlichen, formalen und kommunikativen Eigentümlichkeiten erfaßt hat, also die folgenden Fragen beantworten kann:

- **Was** sagt der Autor
- **Wie** und
- **Warum/Wozu**?

Um zu diesem Ziel zu gelangen, ist eine präzise, fachlich und methodisch korrekte Untersuchung des Textes notwendig, die sich – wie bereits erwähnt – allgemein in folgende grobe Phasen unterteilen läßt:
1. Texterschließung (understanding the text),
2. Analyse (analysis) und
3. Deutung (interpretation).

1. Die **Texterschließung** hat das vordergründige Verstehen des Textes zum Ziel, d. h. das Erfassen des Inhalts der einzelnen Aussagen. Dazu muß der Text sorgfältig gelesen werden, unbekannte Wörter werden nachgeschlagen und das so gewonnene inhaltliche Verständnis wird am Text nochmals überprüft. Mögliche Arbeitsaufträge im Rahmen einer **Textaufgabe** zu dieser Phase könnten wie folgt lauten:

Was bedeutet Textarbeit im Unterricht?

- *Rewrite the following expressions from the text. Do not use the words underlined ...*
- *Write down a definition of ...*
- *Explain the following words as used in the text: ...*
- *What is the text about?*
- *What arguments are given in the text ...?*

2. Ziel der **Analyse** ist es, die einzelnen Gestaltungselemente des Textes genau zu untersuchen und ihre Funktion und Bedeutung zu ermitteln. Arbeitsaufträge hierzu wären z. B.:

- *How is the text structured?*
- *What stylistic devices are employed to create comic effects?*
- *Analyse the sentence structure of the first paragraph. What effect does it have on the reader?*

3. In der **Deutung** wird versucht, die vom Autor beabsichtigte Aussage und Wirkung des Textes als Ganzes zu erfassen. Dies geschieht auf der Grundlage der Analyseauswertung durch logisches Schlußfolgern. Im Mittelpunkt der Textarbeit stehen hier vor allem das Zusammenspiel der einzelnen Textelemente und ihr jeweiliger Beitrag zur Gesamtwirkung des Textes. In diesen Bereich gehören Arbeitsaufträge wie z. B.:

- *What is the author's attitude toward his subject?*
- *What effect on the reader is the author aiming at?*
- *Say in your own words what the message of this poem might be.*

Kontrollieren Sie sich selbst

1. Inwiefern ist das korrekte Verstehen eines Texts keine Selbstverständlichkeit?
2. Welche außertextlichen Faktoren beeinflussen das Textverständnis und müssen berücksichtigt werden?
3. Was muß daher mit Ergebnissen der Textarbeit stets getan werden?
4. In welche Grobphasen läßt sich Textarbeit unterteilen?
5. Warum ist auch eine Einteilung der Textarbeit nach Textarten sinnvoll?

2 Texterschließung

2.1 Methodik

Die erste Phase auf dem Weg zu einem wirklichen Textverständnis ist das **aktive, kritische Lesen** des Textes. Bereits in dieser Phase werden die Weichen für den Erfolg bei einer Textaufgabe gestellt. Es geht hier um mehr als nur um korrektes Lesen und Verstehen der einzelnen Wörter, es geht um Denken:

> **Der aktive, kritische Leser entschlüsselt, hinterfragt, vergleicht, verallgemeinert und zieht Schlüsse.**

So ist es auch nicht mit einem einmaligen Lesen des Textes getan. Vielmehr kann man davon ausgehen, daß in der Regel mindestens **drei** separate Lesevorgänge notwendig sind. Um Ungenauigkeit und Mißverständnisse auszuschließen, sollte man sich bei jedem Lesen Zeit nehmen. Auch empfiehlt es sich, einen Stift bereitzuhalten, unklare oder wichtig erscheinende Textstellen zu markieren. Man kann sich dabei einen individuellen Katalog von Zeichen zulegen. Die folgende Liste ist als veranschaulichendes Beispiel gedacht:

- **Textmarkierungen:**
  gestrichelt   unbekannte Wörter (unknown words)
  hinterlegt   Schlüsselbegriffe (keywords)
  unterstrichen   wichtige Teststellen (key passages)
  gepunktet   besondere sprachliche Gestaltung (linguistic devices)

Texterschließung

- **Randmarkierungen:**

Ausrufezeichen !	Kernaussagen (main ideas)
Fragezeichen ?	unklare Textstelle (dark passage)
Doppellinie ‖	mehrdeutige Textstellen (abiguity)
Pfeil ⇒	versteckte Aussage (implied meaning)

- **Abkürzungen am Rand:**

Th.	These (thesis)
Arg.	Argument (argument)
Ill.	Beispiel (illustrating example)
Qu.	Zitat (quotation)
fig.	rhetorische Figur (figure of speech)
Sent.	Sentenz oder Sinnspruch

Beim **1. Lesen** geht es um das grobe Erfassen des Themas und des Textinhalts. Dazu ist es notwendig, daß unbekannte Wörter aus dem Kontext erschlossen oder in einem Wörterbuch nachgeschlagen werden. Auch sollen hier bereits syntaktische Beziehungen eindeutig geklärt und festgelegt werden; z. B. bei Pronomen muß klar sein, auf welchen Begriff oder Satzteil im Text sie sich beziehen.

- Ermittlung der Bedeutung unbekannter Wörter (meaning of unknown words)
- Klärung syntaktischer Beziehungen (syntactical reference)
- grobes Erfassen des Inhalts (content)
- Erfassen des Themas (topic)

Beim **2. Lesen** wird das erschlossene Globalverständnis am Text überprüft, indem man sich auf die einzelnen Sinnabschnitte konzentriert und versucht, jeweils ihre Kernaussagen (main ideas) zu bestimmen. Dazu erschließt man zuerst die wesentliche Aussage der Einzelsätze oder einzelnen Satzgefüge – befreit von modifizierenden Ausdrücken oder Nebensätzen – eines Abschnittes. Anschließend versucht man, für den Sinnabschnitt eine treffende Überschrift zu finden.

- Erschließung der zentralen Aussage einzelner Satzgefüge (key idea of sentences)
- Finden von Überschriften für die einzelnen Sinnabschnitte (headings for the paragraphs)
- Erfassen des gedanklichen Aufbaus (train of thought)

Texterschließung

Das **3. Lesen** dient der Vervollständigung der Texterschließung. Hier geht es darum, das zu entdecken, was der Verfasser aussagen will, auch wenn es nicht wörtlich im Text steht, sondern "zwischen den Zeilen" (implied meaning). Bei Schlüsselbegriffen müssen über die Hauptbedeutung (denotation) hinaus auch Assoziationen, Bedeutungsschattierungen und Nebenbedeutungen (connotations) berücksichtigt werden. Ferner gilt es Bilder, Vergleiche und rhetorische Figuren zu entschlüsseln sowie stilistische Mittel – wie z. B. Zweideutigkeit (ambiguity) und Ironie (irony) – zu identifizieren. Bei erörternden Texten sollte man die Funktionen der einzelnen Aussagen innerhalb der Argumentation feststellen und unterscheiden, z. B. These, Begründung, wichtige Tatsachen (major facts), Einzelheiten (minor details), veranschaulichende Beispiele (illustrating examples) etc.

- Erkennen der Konnotationen von Schlüsselbegriffen (connotations of key-terms)
- Entschlüsseln von sprachlichen Bildern (images)
- Erfassen rhetorischer Figuren (figures of speech)
- Erschließen der intendierten Funktion wichtiger Ausdrücke, Phrasen oder Sätze (intended functions of important expressions, phrases or sentences)

Kontrollieren Sie sich selbst

1. Wie soll das Lesen bei der Texterschließung aussehen?
2. Wozu sollte man beim Lesen einen Stift zur Hand haben?
3. Worauf konzentriert man sich beim 1. Lesevorgang?
4. Welcher Arbeitsschritt dient dazu, den gedanklichen Aufbau des Textes zu verdeutlichen?
5. Was versteht man unter "implied meaning"?

9

Texterschließung

2.2 Musteraufgabe

Commonwealth Day Message 1993

From **Her Majesty The Queen** Head of The Commonwealth

This year on Commonwealth Day, I am asking you all to think about human values. I know from the many letters I receive from young people that their generation cares deeply about the rights of the individual, about the sufferings of others and about making a better
5 world for us all to live in. I believe the youth of The Commonwealth is well placed to give a lead in showing how human values can be   !
improved.

We share the same world but we do not share the same opportunities.   *Sent. !*
Everyone wants to be free from poverty and hunger, disease and   !
10 discrimination, to have access to education and to live in a save environment. People everywhere want to be able to play a full part in the democratic government of their countries and to live in freedom, protected by just laws. These aspirations were endorsed by   *? ref. ?*
all the Heads of Government of The Commonwealth when they met
15 in Harare in 1991, and much has been achieved since then in fulfilling them.
In societies where constitutional rights are assured, co-operation between all citizens becomes more natural and more fruitful in tackling the major problems we face. The achievement of one   *Sent. !*
20 human value can help to achieve others. We should all spire to raise   !
the standards of life in our countries, to achieve a more prosperous and equitable society and to exercise a powerful influence for peace   *?*
within and between nations.
None of this is easy to bring about because the establishment of   *ref. ?*
25 human values implies duties as well as rights. If we want to exercise and enlarge our rights and opportunities, we have to safeguard the   *?*

10

rights and opportunities of others. We should look for chances to give service just as eagerly as we look for benefits for ourselves. The young people of The Commonwealth have the future in their
30 hands. May they keep their vision of human values alive and their   *ref.?*
determination to achieve them undiminished. And may our fifty   *ref.??*
nations, sharing our experience and working together to enhance the   *?*
quality of life, send an example to the rest of the world.

*(Elizabeth R., March 8, 1993 – Issued through the Chairman, Joint
Commonwealth Societies' Council)*

Das oben abgebildete Textbeispiel zeigt, wie diese Textvorlage nach **kritischem Lesen** aussehen könnte. Nachfolgend wird die Erschließung schrittweise dargelegt.

Nach dem 1. Lesevorgang

Zuerst wird die jeweilige Bedeutung der unbekannten Wörter erschlossen oder mit Hilfe eines Wörterbuches ermittelt:

aspirations (Z. 13)	=	Streben
equitable (Z. 22)	=	gerecht
enlarge (Z. 26)	=	vergrößern, erweitern
undiminished (Z. 31)	=	unvermindert
enhance (Z. 32)	=	verbessern, steigern, heben

Anschließend wird festgestellt, auf welche Wörter oder Textpassagen sich die im Text verwendeten Pronomen beziehen:

these (Z. 13)	⇒	Z. 9–13	(Aufzählung von Wünschen)
this (Z. 24)	⇒	Z. 20–23	(Empfehlungen)
they (Z. 30)	⇒	Z. 29	(Commonwealthjugend)
them (Z. 31)	⇒	Z. 30	("human values")

Und schließlich konnten beim 1. Lesen auch das Thema und das Wesentliche des Inhalts erfaßt werden:

Thema	=	"human values" (Grundwerte des Menschen)
Inhalt	=	Appell an die jungen Leute der Commonwealthländer, in beispielhafter Weise danach zu streben, die Welt menschenwürdiger zu gestalten.

Texterschließung

Nach dem 2. Lesevorgang

Nach der Markierung von Schlüsselbegriffen (keywords) und der Erschließung wichtiger Textstellen wird nun versucht, den Kern der einzelnen Sinnabschnitte jeweils in Form einer **informativen** Überschrift (heading) festzuhalten, um so den gedanklichen Aufbau des Textes zu verdeutlichen:

Zeilen 1–7:   "Young people care about human values."
Zeilen 8–16:   "Everyone wants to lead a better life."
Zeilen 17–23: "So we should try to improve life all over the world."
Zeilen 24–28: "This means not only rights but also duties."
Zeilen 29–33: "Especially the young people should set a good example."

Nach dem 3. Lesevorgang

Beim 3. Lesen ist die Konzentration vor allem auf sprachliche Feinheiten sowie auf implizierte Aussagen und Redeabsichten konzentriert:

– Die Sätze in den Zeilen 8 und 19/20 haben den Charakter von **Sentenzen** (sententious remarks) und werden beide durch parallelen Satzbau (parallelism) hervorgehoben. Bei der Sentenz in der Zeile 8 liegt zudem die Redefigur der **Antithese** (antithesis) vor.

– Die Verwendung der 1. Person/Plural ("We" Z. 8) betont die Zusammenge-hörigkeit der Sprecherin und der angesprochenen Jugend.

– Ferner fällt der Gebrauch von "may" (Z. 30 und 31) auf, der auf formellen Stil hinweist und hier dazu dient, einem Wunsch oder einer Hoffnung Ausdruck zu verleihen.

Überprüfung der Texterschließung

Überprüft wird die Erarbeitung des Textverständnisses im Rahmen einer Text-aufgabe – meist im ersten Teil des "worksheets" unter der Überschrift "Compre-hension" oder "Understanding the text" mit Fragen oder Aufgaben wie z. B. den folgenden:

Aufgabe 1

Give a synonym or synonymous expression for each of the following words from the text: aspirations (line 13), equitable (line 22), enhance (line 32).

Nachdem die Bedeutung der in dieser Aufgabe zu ersetzenden Wörter bereits nach dem 1. Lesevorgang ermittelt wurde, sucht man nun im eigenen Wortschatz nach Wörtern mit gleicher oder ähnlicher Bedeutung. Vor der Entscheidung für einen der gefundenen Begriffe als Lösung sollte man unbedingt die Wörter in den betreffenden Kontext einsetzen und überprüfen, ob auch mit dem

Texterschließung

eingesetzten Ausdruck die ursprüngliche Aussage möglichst originalgetreu erhalten bleibt. So ist der Begriff "aspirations" durch den Kontext als Oberbegriff einer Aufzählung von Wünschen (siehe Z. 9 – 13) in seiner Funktion festgelegt und durch "These" sowie das Plural-"s" markiert. Diese kontextuelle Bestimmung schließt das Ersetzen von "aspirations" durch z. B. "to strive for" oder "to reach out for" aus. Die Ausdrücke "aims" und "ambitions" hingegen passen in den Kontext und sind daher als Lösungen möglich. "equitable" fungiert im Text als Attribut zu "society". Folglich suchen wir nach einem Wort gleicher Bedeutung, das diese Funktion übernehmen kann, wie z. B. "fair" oder "just". Beim Ersetzen eines Wortes in einem Text durch ein Synonym spielt also nicht nur die Wortbedeutung eine Rolle, sondern auch die kontextuelle Abhängigkeit des Ausdrucks und seine grammatische Funktion. Unter Berücksichtigung dieser Bedingungen ist "improve" eine geeignete Lösung, um "enhance" im Text zu ersetzen, da es inhaltlich, grammatikalisch und auch im Stil in den Kontext paßt.

Lösung: – aspirations ⇒ *aims, ambitions, ...*
            – equitable ⇒ *fair, just, ...*
            – enhance ⇒ *improve, ...*

Aufgabe 2

Explain by giving a paraphrase. Do not use the words underlined: "We <u>share</u> the same world, but we do not <u>share</u> the same <u>opportunities</u>." (line 8)

Bei der Umschreibung (paraphrase) geht es wie bei der vorausgegangenen Aufgabe darum, einen Teil des Textes so zu ersetzen, daß die ursprüngliche Aussage möglichst unverändert erhalten bleibt. Dabei dürfen weder die unterstrichenen Wörter noch ihre Ableitungen – also Formen desselben Wortstammes – verwendet werden. Da es in den meisten Fällen nicht möglich ist, die Aufgabe dadurch zu lösen, daß man die unterstrichenen Begriffe durch Synonyme ersetzt, empfiehlt es sich, die ganze Passage in der Muttersprache zu übersetzen, sie dann umzuschreiben, und diese Umschreibung dann ins Englische zurückzuübersetzen. Das ergibt im vorliegenden Fall als wörtliche Übersetzung: "Wir teilen dieselbe Welt, aber wir haben nicht Anteil an den gleichen günstigen Gelegenheiten." Nun bringen wir diese Aussage in gutes Deutsch und versuchen dabei, die deutschen Entsprechungen der unterstrichenen Wörter zu vermeiden: "Wir leben in derselben Welt, aber wir haben nicht die gleichen Chancen." Die Rückübersetzung führt dann, nach Überprüfung am Kontext, zur Lösung.

Lösung: We <u>live</u> in the same world, but we <u>do not have</u> the same <u>chances</u>.

Aufgabe 3

What, in a nutshell, is the text about?

Die beim 1. Lesen bereits markierten inhaltlichen Schwerpunkte dienen als Basis für die Beantwortung dieser Frage. Sie müssen nun jedoch noch treffend in Beziehung zueinander gesetzt werden. Im Mittelpunkt des Textes steht "eine Vision menschlicher Werte" (Z. 30), die verwirklicht werden soll. Dieser Appell geht aus von der Queen (siehe Untertiel) und ist gerichtet an die Jugend des Commonwealth (Z. 5). Der Zusatz "in a nutshell" in der Arbeitsanweisung macht deutlich, daß die Antwort sich auf das absolut Wesentliche beschränken soll und daß keine Einzelheiten erwartet werden.

Lösung: In her message the Queen appeals to the young people of the Commonwealth to try hard to realize their vision of human values.

13

Texterschließung

Aufgabe 4

What aspirations, according to the Queen's message, should be achieved?

Nachdem sich cie Aufgabenstellung hier in ihrem Kern wörtlich auf einen Schlüsselbegriff im Text bezieht – nämlich "aspirations" (Z. 13) – ist es nicht schwer, herauszufinden, wo im Text die Antwort zu suchen ist, zumal das Pronomen "These" (Z. 13) den in Frage kommenden Bereich zusätzlich eingrenzt, indem es auf die vorausgehenden Zeilen verweist. Der Inhalt der Zeilen 9–13, zusammengefaßt und in eigenen Worten formuliert, ergibt dann eine angemessene Antwort.

Lösung: Everyone should be able to lead a life worthy of a human being, i. e. to have enough to eat, to get educated, to live in freedom and peace protected from discrimination.

Aufgabe 5

Why does the Queen appeal especially to the young people?

Die letzte Aufgabe dieses Beispiels fragt nach der Begründung für die Hinwendung an die Jugend. Diese Begründung kann man in der Umgebung einer Textstelle vermuten, in der die Jugend ausdrücklich angesprochen wird. Dies geschieht im vorliegenden Text an drei Stellen: Z. 3/4, 5 und 29. Tatsächlich läßt sich an allen drei Textstellen auch eine Begründung für die Jugend als Adressat finden, von denen allerdings die Begründung in den Zeilen 29/30 am überzeugendsten erscheint und daher als Antwort gewählt wird.

Lösung: It is especially the youth the future depends on.

2.3 Übung 1

The Commonwealth in a Garden

In a corner of south-east London, children of families from all over the Commonwealth can now grow and study plants which are exotic to
5 them but were familiar to their parents or grandparents.

Commonwealth Secretary-General Emeka Anyaoku opened the field study centre of a multi-cultural gar-
10 den in the London suburb of Lewisham in early November. The Besson Street Centre, funded by the London Marathon, has facilities for botanic and ecological studies, and
15 provides a base for the young volunteers who work in the garden which, said Chief Anyaoku, 'is an example of the unity that can be achieved when diversity is allowed
20 to flourish.'

The Besson Street Community Garden was created in 1989 on a derelict site encircled by busy roads and industrial architecture. Its foun-
25 ders aimed to include species from all the different environments from which Lewisham's multi-ethnic population orginated. Some plants

Rezeption von Texten

have fallen victim to cold, damp
30 winters, dry summers, pollution or
thieves, but many proved surpri-
singly hardy. The Centre recently
published an information booklet
on multi-sultural gardening; this is
35 selling well to schools and community groups all over Europe.

(Commonwealth Currents, December 1993/January 1994)

1. Find a synonym or a synonymous expression for each of the following words
   from the text:
   a) funded (line 12)
   b) derelict (line 23)
   c) encircled (line 23)

2. Give a paraphrase. Do not use the words underlined:
   "Some plants have fallen victim to cold, damp winters ..." (lines 28–30)

3. Explain what is meant by "ecological studies" (line 14).

4. What did the founders of the Besson Street Community garden try to realize?

5. What is the symbolic of the garden?

3 Analyse von Sachtexten

Die grundsätzlichen Unterschiede zwischen Sachtexten (non-literary texts) und poetischen Texten (literary or fictional texts) hinsichtlich ihrer Gestaltung, ihrer Kommunikationssituation sowie ihrer Funktion machen eine Trennung ihrer Behandlung notwendig.

Die Textanalyse ist die fachlich und methodisch präzise Untersuchung eines Textes mit dem Ziel, dessen gesamte inhaltliche, formale und kommunikative Eigentümlichkeiten zu erfassen. Im Rahmen des Englischunterrichts wird man diesen umfassenden Anspruch nur selten stellen. Hier beschränkt sich die Textanalyse zumeist auf ausgewählte Teilaspekte, die durch vorgegebene Leitfragen bestimmt werden.

Die Prägung eines Textes und damit seine Eigentümlichkeiten sind abhängig von der Persönlichkeit des Verfassers (author), von den Personen, Dingen oder Sachverhalten, auf die er sich in seinem Text bezieht (referents) wie von der Vorstellung, die der Autor vom Leser (reader) des Textes hat.

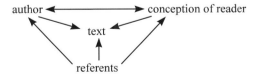

Über diese Grobskizzierung der Produktionssituation wird der Text darüber hinaus in seinen Eigentümlichkeiten von weiteren Faktoren bestimmt, wie z. B.:

Analyse von Sachtexten

- den Schreibabsichten des Verfassers (intentions),
- der Einstellung gegenüber dem Textgegenstand (attitude towards subject-matter),
- dem Medium der Veröffentlichung (medium) usw.

Alle diese sogenannten Faktoren sind außertextlich (textexternal), kommen im Text selbst nur mittelbar (implicitly) zum Ausdruck und müssen daher erschlossen werden. Dazu müssen zuerst die sprachlichen (linguistic) und strukturierenden (compository) Textelemente (textinternal elements) untersucht werden. Diese Textelemente lassen sich folgenden Ebenen zuordnen:

- äußere Gestaltung (graphic level), z. B. Layout, Länge der Zeilen, Länge der Absätze,
- Lautebene (phonological level), z. B. Alliterationen, Lautmalerei,
- grammatische Ebene (grammatic level), z. B. Tempus, Aspekt, Passiv,
- syntaktische Ebene (syntactic level), z. B. Satzbau, Satzarten, Satzlänge,
- Bedeutungsebene (semantic level), z. B. Wortwahl, Symbole und
- strukturelle Ebene (compository level), z. B. Struktur des Textes.

Nicht für jeden Text ist eine vollständige Analyse der Textelemente und der außertextlichen Faktoren notwendig und sinnvoll. So wird auch im Englischunterricht im Rahmen einer Textanalyse jeweils eine Auswahl der zu untersuchenden Textelemente getroffen, je nach dem Zweck der weiteren Verwendung der Untersuchungsergebnisse.

Bei der Textanalyse im Englischunterricht in der Oberstufe zeigen sich in der Regel folgende allgemeine Schwerpunkte:

- Textsorte (type of text),
- Textform (form of text),
- Inhalt (contents),
- Aufbau (structure) und
- sprachliche Mittel (linguistic and stylistic devices).

Die Auswertung (evaluation) der Untersuchungsergebnisse erlaubt dann Schlußfolgerungen hinsichtlich der Kommunikationssituation:

- Einstellung des Verfassers (attitude),
- Absichten (intentions) und
- Wirkungen (effects).

Voraussetzung für eine erfolgreiche Analyse eines Textes im Englischunterricht sind korrektes fachliches Vorgehen, die Kenntnis der englischen Fachbegriffe sowie fachliches Grundwissen, z. B. über Textsorten, Textformen, Stilfiguren etc.

Analyse von Sachtexten

3.1 Textsorten und Textformen

Die Klassifizierung von Texten nach Textsorten ist nicht unumstritten. Dennoch ist sie hilfreich bei der Entschlüsselung der Absicht des Verfassers bzw. der Textfunktion. Man sollte sich jedoch stets bewußt sein, daß die zu bearbeitenden Texte in den wenigsten Fällen nur einer bestimmten Textsorte zuzuordnen sind, sondern in der Regel vielmehr eine Mischung verschiedener Textsorten darstellen. Daher ist die Aufgabe der Analyse meist, festzustellen, welche Textsorten in welchem Verhältnis in dem Text vorkommen oder auch, welche Textsorte eine bestimmte Passage des Textes dominiert. Bei der Textarbeit im Fach Englisch unterscheiden wir allgemein fünf **Textsorten**:

1. **Beschreibung:** Der Verfasser beschreibt eine Person, eine Sache oder einen Sachverhalt so, daß sich der Leser vor seinem "geistigen Auge" ein Bild davon machen kann. In diesem Fall sprechen wir von einem "descriptive text".

2. **Darstellung:** Der Verfasser informiert den Leser, erklärt komplexere Zusammenhänge im Detail oder erläutert gewisse Aspekte. Diese informierende oder erklärende Darstellung bezeichnen wir als einen "expository text".

3. **Erzählung:** Wenn der Verfasser dem Leser ein Ereignis oder eine Folge von Ereignissen in ihrem Ablauf darstellt, spricht man von einem "narrative text". Diese Textsorte ist nicht nur bei poetischen Texten zu finden, sondern auch bei Sachtexten.

4. **Erörterung:** Hier versucht der Verfasser, eine Meinung durch logische Argumente zu begründen und den Leser so zu beeinflussen. Erfolgt die Beeinflussung mehr auf rationalem Weg, spricht man von einem "argumentative text". Zielt der Text jedoch mehr darauf ab, den Leser zu einer Denk- oder handlungsweise zu überreden, so handelt es sich um einen "persuasive text".

5. **Instruktion:** Bei dieser Textsorte versucht der Verfasser, den Leser zu belehren, meist indem er dem Leser sagt oder zeigt, was dieser zu tun oder wie er sich zu verhalten hat. Man spricht in solch einem Fall von einem "instructive text".

Mit **Textform** bezeichnet man die Formen, in der die Textsorten realisiert werden, wie z. B. Bericht (report), Kommentar (comment), Leitartikel (editorial/ leader) etc. Innerhalb der Gruppe der Sachtexte kommen in Textaufgaben vor allem folgende vier Textformen vor:
1. Feature (feature story),
2. Leitartikel (editorial/leader),

Analyse von Sachtexten

3. Essay (essay) und
4. Satire (satire).

Einfachere Textformen sind z. B. Zeitungsberichte (news report), Illustrierten-artikel (magazine article), Interview (interview) usw.

1. **Feature:** Bei einem Feature (feature story) als Text handelt es sich um eine besondere Art von Zeitungsbericht (news report). Zumeist umfangreicher als ein gewöhnlicher Zeitungsbericht dokumentiert ein Feature nicht nur ein aktuelles Geschehen, sondern liefert auch Hintergrundinformationen und wissenswerte Einzelheiten. Auch ist sein Verfasser nicht strikt an die objektive Wiedergabe von Fakten gebunden, sondern kann auch persönliche Einschätzungen und Wertungen geben. Der Stil, in dem das Feature geschrieben ist, ist meist deutlich von der Persönlichkeit des Verfassers geprägt.

2. **Leitartikel:** Der Leitartikel ist ein Kommentar zu einem Ereignis oder Sachverhalt, über den der Leser bereits gründlich informiert wurde. Er wird meist vom Herausgeber oder einem leitenden Redakteur verfaßt und spiegelt die Haltung der Zeitung zu dem betreffenden Ereignis oder Sachverhalt wider.

Hinweise zur Analyse eines Features/Leitartikels

- Schauen Sie sich das Layout, die Bilder und Illustrationen genau an.
- Untersuchen Sie Titel und eventuelle Untertitel.
- Identifizieren Sie den Einleitungsteil. Er präsentiert nicht nur die wesentlichsten Fakten und Argumente im Überblick, sondern legt auch den Ton fest, in dem der Artikeln gehalten ist.
- Versuchen Sie den gedanklichen Aufbau zu erfassen.
- Finden Sie die Textsorte heraus.
- Wie präsentiert der Autor Tatsachen und wie geht er mit ihnen um?
- Welche auffälligen Gestaltungsmittel verwendet der Autor?

3. **Essay:** Im allgemeinen Sinn ist ein Essay (essay) die Prosaabhandlung über ein bestimmtes Thema – im Gegensatz zur wissenschaftlichen Untersuchung – kurz und oft in geistreicher, als Sprachkunstwerk gestalteter Form.

4. **Satire:** Die Satire (satire) ist eine Textform, die in heiter-spöttischer, in bissiger oder höhnischer Art sowie in geistreicher Sprache die Schwächen einzelner Menschen, gesellschaftlicher Verhältnisse, weltanschaulicher oder literarischer Erscheinungen kritisiert. Dabei finden Stilmittel wie Übertreibung, Ironie oder Sarkasmus Verwendung.

Analyse von Sachtexten

3.2 Inhalt und Aufbau

Bei der genaueren Untersuchung von Inhalt (content) und Aufbau (structure) des Textes gilt es zunächst, die in der Phase der Texterschließung gewonnenen Erkenntnisse zu überprüfen. Dies führt dann gegebenenfalls zu einer Ergänzung oder auch Korrektur dieser Ergebnisse. Gegenstand der Untersuchung im inhaltlichen Bereich sind sowohl das Thema des Textes (theme/topic) bzw. der behandelte Gegenstand oder Sachverhalt (subject matter) als auch die Aussagen (statements), die dazu gemacht werden.

Als zentrale Leitfrage könnte dienen:

"Was sagt der Text zu **welchem** Thema?"**

Beim Auffinden detaillierter Aussagen helfen die sogenannten "W-Fragen" weiter: "Was ...?", "Wo ...?", "Wann ...?", "Warum ...?" und "Wozu ...?".

Überprüft wird die Textarbeit im inhaltlichen Bereich in einer Textaufgabe entweder mit allgemeinen Fragen, wie z. B.
- *What is the topic of the text?*
- *What, according to the text, are the reasons for ...?*
- *What changes of ... does the author refer to?*

oder mit textspezifischen Fragen, z. B.
- *What does A do in order to realize his plan?*
- *How does B help A?*
- *Why does B help?*

Bei der Untersuchung des Textaufbaus steht die Anordnung der inhaltlich-informativen Elemente im Mittelpunkt. Diese Anordnung ist jeweils bestimmt durch die Beziehung der einzelnen inhaltlich-informativen Elemente untereinander sowie durch deren jeweilige Funktion im Text.

Solche inhaltlich-informativen Elemente können einzelne Wörter, Phrasen, Sätze oder ganze Sinnabschnitte sein. Die Untersuchung einzelner Wörter und Phrasen gehört in den Bereich der sprachlich und stilistischen Analyse. Bei der Analyse des Textaufbaus gilt das Interesse zum einen der Anordnung der einzelnen Aussagen innerhalb eines Sinnabschnitts (paragraph), also der Feinstruktur (sentence order in paragraph structure), zum anderen der Grobstruktur des Textes (paragraph order), also der Anordnung der einzelnen Sinnabschnitte im Gesamt-

21

Analyse von Sachtexten

text. Dabei kommt es nicht nur auf die Reihenfolge der inhaltlich-informativen Elemente an, sondern auch auf die Art ihrer Verknüpfung.

Die Reihenfolge der einzelnen Aussagen und Sinnabschnitte läßt sich leicht feststellen und bedarf keiner näheren Erläuterung. Schwieriger ist es da schon, die Art ihrer Verknüpfung zu erkennen. Da jedoch die gedankliche Verknüpfung gewöhnlich auch sprachlich ausgedrückt wird, hilft einem die Untersuchung und Bestimmung dieser sprachlichen Verbindungsstücke (connectives) weiter, denn die signalisieren häufig die Art ihrer Verknüfung, d. h. die Art der Beziehung zwischen dem vorangegangenen und dem folgenden Element. Die anschließende Übersicht stellt eine Auswahl der gebräuchlichsten "connectives" vor:

- **Räumliche Beziehung** (spacial relationship):
  above, along, around, behind, beside, beyond, down, here, in, in front of, in the middle, nearby, on, on the right, off, over, past, straight ahead, there, to, towards, up, where, ...

- **Zeitliche Beziehung** (temporal realtionship):
  afterwards, already, before, earlier, formerly, immediately, later, meanwhile, previously, simultaneously, since, then, until, when, while, ...

- **Reihenfolge, Aufzählung** (sequence/enumeration):
  first, second, third, ...
  next, then, later, afterwards, ...
  eventually, finally, lastly, ...

- **Kausale Beziehung** (reason, cause):
  as, because, for this reason, hence, since, that is why, ...

- **Bedingung** (condition):
  as long as, if, on condition that, provided that, unless, ...

- **Einräumung** (concession):
  although, even if, though, whereas, while, ...

- **Vergleich** (comparison):
  as, as well, both, equally, likewise, not so ... as, ...

- **Ziel, Zweck** (intended destination, purpose):
  for fear, in order to, so, that, to, ...

- **Ergebnis, Folge** (result, conclusion):
  accordingly, as a result, consequently, hence, so (that), thus, ...

Analyse von Sachtexten

Bei der Bestimmung der Verknüpfungsart anhand von Signalausdrücken muß man berücksichtigen, daß manche dieser "connectives" mehr als eine Beziehung ausdrücken können, z. B. "as, before, over, past, since, while". Ferner gilt zu beachten, daß satzeinleitende Ausdrücke das folgende Element nicht immer an das vorausgehende anknüpfen, sondern ein Element auch in Beziehung zur Schreibsituation – z. B. Verfasser, Absicht – setzen können, z. B. "certainly, obviously, of course, unfortunately".
Die Art der Verknüpfung weist auch meist bereits auf die Funktion der betreffenden Aussage bzw. des betreffenden Sinnabschnitts hin. So signalisiert z. B. der Ausdruck "first" nicht nur eine Aufzählung, sondern macht den nachfolgenden Satz zum ersten Element dieser Reihung und deutet auf eine mögliche Einleitungsfunktion hin. Daraus wird ersichtlich, daß die Beziehung eines Elementes zu den anderen Elementen des Textes und seine Funktion innerhalb des Textes häufig voneinander abhängen und folglich auch in einem Arbeitsgang untersucht werden.

Es ist hier nicht möglich, sämtliche Organisationsprinzipien für den Aufbau von Texten darzulegen. Im allgemeinen lassen sich jedoch drei grundsätzliche Textstrukturmuster unterscheiden, die sowohl beim Aufbau eines einzelnen Sinnabschnitts als auch bei der Gliederung des Gesamttextes Anwendung finden:

1. **Chronologischer Aufbau** (chronological structure)
   Ein chronologischer Aufbau liegt dann vor, wenn die Reihenfolge der Aussagen analog zum dargestellten Handlungsverlauf (course of events) erfolgt. Hier finden sich als sprachliche Verknüpfungselemente vorwiegend Ausdrücke, die eine zeitliche Beziehung oder Reihenfolge signalisieren.

2. **Steigernder Aufbau** (climactic structure)
   Beim steigernden Aufbau sind die einzelnen Elemente nach dem Grad ihrer Bedeutung angeordnet, wobei vom Unwesentlichen ausgegangen wird, bis am Ende das Wichtigste die Folge abschließt (sequence of points developing to a climax). Hier finden sich häufig Verknüpfungselemente, die eine Reihung oder Aufzählung andeuten.

3. **Entwickelnder Aufbau** (progressive structure)
   Der entwickelnde Aufbau findet sich vornehmlich in meinungsäußernden Texten. Hierbei führt eine Einleitung (introduction) zur These (thesis/topical sentence), die dann ausgestaltet (elaborated/developed), begründet (substantiated) und durch ein Beispiel veranschaulicht (illustrated by an example) wird. Die Schlußfolgerung (conclusion) rundet die Einheit dann ab und stellt den Zusammenhang zur These wieder her.

23

Analyse von Sachtexten

Bei der Analyse des Aufbaus eines Textes sollte man stets berücksichtigen, daß auch Mischformen dieser oben vorgestellten Strukturmuster vorkommen können. Im Rahmen der Textaufgabe erfolgt die Überprüfung der Untersuchung des Textaufbaus in Form von Fragen zum Text (questions on the text) oder als Arbeitsanweisung, eine Zusammenfassung (summary) zu schreiben. Folgende Aufgaben wären denkbar:

- *How is the text structured?*
- *What is the significance of the last paragraph in relation to the text as a whole?*
- *Sketch the writer's line of argumentation.*
- *Sum up the major arguments for/against ...*
- *Write a summary of the text.*

3.3 Sprache und Gestalt

Der Analyse von Sprache und Stil (linguistic and stylistic features) eines Textes treten die meisten Schüler mit sehr gemischten Gefühlen gegenüber. Der Grund dafür liegt zum einen in der verwirrenden Komplexität der Beziehung zwischen den einzelnen Fachbegriffen und deren Bedeutung, zum anderen in mangelnder Beherrschung der fachlichen Methoden. Um diesen Quellen der Unsicherheit entgegenzuwirken, muß man zuerst eine Übersicht über die für eine Sprach- und Stilanalyse notwendigen Grundbegriffe gewinnen.

Der **Autor** wird seinen **Text** so gestalten, daß im Bezug auf den **Textgegenstand** im **Leser** die größtmögliche **beabsichtigte Wirkung** erzielt wird.

Dieser Satz mit den Schlüsselbegriffen "Autor, Text, Textgegenstand, Leser, Absicht und Wirkung" macht deutlich, wie kompliziert das Beziehungsfeld ist, in dem ein Text zu seiner *Gestalt* gelangt. Dazu kommen noch die *Mittel*, die für die Gestaltung des Textes zur Verfügung stehen.

Da im Unterricht häufig die Bedingungsfaktoren für die Textgestaltung und die Gestaltungsmittel gemeinsam betrachtet werden, kommt es leicht zu verwirrenden Mißverständnissen, denn jedes einzelne Gestaltungsmittel kann hierbei von unterschiedlichen Blickwinkeln aus betrachtet werden, z. B. kann die Wortwahl von der Person des Autors aus, von der Absicht her, vom Textgegenstand aus etc. gesehen werden. Deshalb empfiehlt es sich, die Analyse der Gestaltungsmittel und die Schlußfolgerungen hinsichtlich ihrer Bedingungsfaktoren getrennt vorzunehmen. Zumal Schlußfolgerungen wie z. B. im Hinblick auf die Autorenabsicht, die Person des Autors oder des angesprochenen Lesers, ja nicht *nur* im Bereich der Textgestalt zu suchen sind.

Es geht im folgenden Abschnitt also nur um die Analyse der sprachlichen und stilistischen Gestaltungsmittel. Die Auswertung (evaluation) der Ergebnisse erfolgt dann später in einem eigenen Arbeitsgang.

Die Analyse der Gestaltungsmittel im Rahmen der Textaufgabe verlangt keine vollständige Erfassung sämtlicher sprachlicher und stilistischer Elemente des Textes. Es soll vielmehr festgestellt werden, wie und in welchem Maße die Sprache des Textes vom Alltagsgebrauch der Sprache abweicht.

Inwiefern unterscheidet sich die Sprachverwendung im Text vom Alltagsgebrauch der Sprache?

Ziel der Analyse ist hier also die Erfassung der **besonderen sprachlichen Merkmale** des Textes. Daraus ergibt sich dann ein Bild der für den Text charakteristischen sprachlichen Merkmale und damit der Stil, in dem der Text gestaltet ist. Folgende Aspekte sollten bei der Untersuchung berücksichtigt werden:

1. **Graphologischer Bereich** (graphological features)
   a) Rechtschreibung (spelling)
   b) Zeichensetzung (punctuation)
   c) Groß- und Kleinschreibung (capitalization)
   d) Typographische Besonderheiten (typographical devices)

2. **Phonologischer Bereich** (phonological features)
   lautliche Besonderheiten (sound features), z. B. Lautmalerei (onomatopoeia), Alliteration (alliteration)

3. **Lexikalischer Bereich** (lexical features)
   a) Wortwahl (choice of words)
   b) Denotation/Konnotation (denotation/connotation)
   c) Fachbegriffe (technical terms)

4. **Grammatikalischer Bereich** (grammatical features)
   a) Wortarten/Verteilung (word-classes/distribution)
   b) Aktiv und Passiv (active and passive voice)
   c) Tempus und Aspekt (tense and aspect)
   d) Wortbildung (word formation)

5. **Syntaktischer Bereich** (syntactical features)
   a) Satzbau (word order)
   b) Satzarten (types of sentences)
   c) Satzlänge (length of sentences)

Unter den sprachlichen Abweichungen vom Alltagsgebrauch haben sich im Laufe der Zeit feste Muster herausgebildet, die man als **Stil- oder Redefiguren** (figures of speech) bezeichnet. Dabei ist die Bildung solcher Redefiguren häufig entweder **quantitativ** – d. h. sie beruht auf Wiederholung, Erweiterung oder Verkürzung – oder **qualitativ** – d. h. sie beruht auf Anordnung oder Ersetzung. Diese Veränderungen des Alltagssprachgebrauchs können sowohl auf der Lautebene und Wortebene als auch im Satz- oder Bild-/Gedankenbereich vorkommen. Ausgehend von der Art der Abweichung werden die gebräuchlichsten Redefiguren nachfolgend in einer Übersicht vorgestellt und daran anschließend in alphabetischer Reihenfolge erklärt und veranschaulicht. Da bei Textaufgaben im Englischunterricht von den Schülern meist verlangt wird, Redefiguren (figures of speech) nicht nur zu identifizieren und mit einem Beispiel zu veranschaulichen, sondern auch zu erklären, ist die alphabetische Liste der Redefiguren in englischer Sprache.

	Lautebene	Wortebene	Satzebene	Bild-/ Gedankenebene
Wiederholung	Alliteration (alliteration) Assonanz (assonance) Reim (rhyme)	Anapher (anaphora)	Anapher (anaphora) Parallelismus (parallelism) Polysyndeton (polysyndeton)	Motiv (motif) Gleichnis (parable) Vergleich (simile)
Erweiterung		Mehrdeutigkeit (ambiguity) Wortspiel (pun)	Polysyndeton (polysyndeton)	Abschweifung (digression) Übertreibung (hyperbole)
Verkürzung	Akope (apocope) Auslassung (elision)	Akronym (acronym) Synekdoche (synecdoche)	Asyndeton (asyndeton) Ellipse (ellipsis) Parataxe (parataxis) Zeugma (zeugma)	Anspielung (allusion) Klischee (chliché) Epigramm (epigram)
Anordnung		Anagramm (anagram) Antiklimax (anticlimax) Klimax (climax) Oxymoron (oxymoron)	Antithese (antithesis) Chiasmus (chiasmus) Hypotaxe (hypotaxis) Umstellung (inversion) Parallelismus (parallelism)	Antithese (antithesis) falsches Pathos (bathos) Rückblende (flashback) Oxymoron (oxymoron) Paradoxon (paradoxon)
Ersetzung	Lautmalerei (onomatopoeia)	Euphemismus (euphemism) Litotes (litotes) Metonymie (metonymy) Wortschöfpung (neologism)	Rhetorische Frage (rhetorical question)	Ironie (irony) Metapher (metaphor) Personifikation (personification) Symbol (symbol)

27

Analyse von Sachtexten

Redefiguren (figures of speech)

1. **acronym** (acronym): A word formed by combining initial letters or parts of a series of words.
   Example: radio detecting and ranging ⇒ radar

2. **alliteration** (Alliteration): The repetition of similar sounds in a sequence of associated words.
   Example: wasted in the winter wind ...

3. **allusion** (Anspielung): A meaningful but indirect reference.

4. **ambiguity** (Mehrdeutigkeit): A word or phrase which has got two or more relevant meanings.
   Example: Go and ask the butcher if he has got any brains.

5. **anagram** (Anagram): A word or phrase formed by rearranging the letters of another word or phrase.
   Example: revolution ⇒ to love ruin

6. **anaphora** (Anapher): A word or phrase is repeated at the beginning of each of two or more clauses, sentences, or paragraphs:
   Example: Art is a system .../Art is a form .../Art is a promise ...

7. **anticlimax** (Antiklimax): A descent from the significant to the trivial.
   Example: For our world, for our country, and for our next meeting ...

8. **antithesis** (Antithese): The juxtaposition of contrasting or opposite ideas emphasized by parallelism in structure.
   Example: Give us freedom, or give us death!

9. **apocope** (Apokope): An omission of the last sound or syllable of a word.
   Example: goin' ⇒ going

10. **assonance** (Assonanz): The repeated use of similar sounds, especially in the vowel sounds of words.
    Example: ... in the silence of the night ...

11. **asyndeton** (Asyndeton): The ommions of conjunctions to achieve an economical form of expression.
    Example: They left their homes, their wives, their kids.

12. **bathos** (falsches Pathos): A sudden transition from a significant idea to something trivial to achieve a comic effect.
    Example: The fire destroyed my home, my books, all my hope and my return ticket to Acron.

Analyse von Sachtexten

13. **chiasm** (Chiasmus): A balanced structure, in which the main elements are reversed.
Example: He drove to the church, but home she drove.

14. **climax** (Klimax): A series of words or ideas in an ascending order of significance or intensity.
Example: Many of them risk their money, their health, and even their lives.

15. **cliché** (Klischee): An expression that is so frequently used that the idea behind it has become commonplace.
Example: Money makes the world go round.

16. **digression** (Abschweifung): An excursive passage within a piece of writing.

17. **elision** (Auslassung): The omission of sounds in connected speech.
Example: bacon 'n' eggs

18. **ellipsis** (Ellipse): A piece of structure is omitted, and can be recovered only from the preceding discourse.
Example: What do you expect from it? Not much.

19. **epigram** (Epigramm): A short, often witty statement summarizing as much as possible in the fewest possible words.
Example: A nation without a language is a nation without a heart.

20. **euphemism** (Euphemismus): The use of an inoffensive or indirect expression in place of one that is unpleasant or offensive.
Example: he passed away $\Rightarrow$ he died

21. **flashback** (Rückblende): To interrupt the account of something in order to portray an incident or a scene from the past.

22. **hyperbole** (Übertreibung): Extravagant and deliberate exaggeration for effect.
Example: There were millions of people gathered in the hall.

23. **hypotaxis** (Hypotaxe): The linking of a dependent or subordinate clause or another part of the sentence using conjunctions.
Example: If they don't come, I will be ruined.

24. **inversion** (Umstellung): An interchange of position of elements in a clause or a sentence for emphatic reason.
Example: On the bed lay a beautiful young girl.

Analyse von Sachtexten

25. **irony** (Ironie): The use of language to express a meaning other than the literally conveyed by the words.
Example: "What a <u>beautiful</u> day!" said when it's raining.

26. **litotes** (Litotes): A form of understatement in which an affirmative is expressed by the negation of its opposite.
Example: This is <u>no small</u> problem. ⇒ a big problem

27. **metaphor** (Metapher): The transference of a term from the object it ordinarily designates to an object it may designate only by implicit comparison or analogy.
Example: In the <u>autumn of life</u>.

28. **metonymy** (Metonymie): A figurative expression in which something very closely associated with a thing becomes the substitute for the thing itself.
Example: I know my <u>Shakespeare</u>. (= his work)

29. **motif** (Motiv): A recurrent thematic element used in development of a piece of writing.

30. **onomatopoeia** (Lautmalerei): The formation of a word that imitates the sound of its referent.
Example: buzz, crack, murmur

31. **oxymoron** (Oxymoron): A figurative combination of incongruous or contradictory words to present a strikingly new concept or way of seeing.
Example: delicious torment

32. **parable** (Gleichnis): A simple and short story about everyday things illustrating a moral or religious lesson.

33. **paradoxon** (Paradoxon): An apparantly contradictory statement that on closer examination is shown to contain some truth. Apart from illustrating a truth it concentrates the reader's attention on what is said, through the initial shock of a seemingly nonsensical statement.
Example: The more money one has the poorer he gets.

34. **parallelism** (Parallelismus): The use of paired words, phrases, or constructions.
Example: If you stay, we'll be happy. If you leave, we won't hold you back.

35. **parataxis** (Parataxe): Constructions joined without the use of coordinating elements such as conjunctions.
Example: She opened the door, stepped inside, looked araound and screamed.

30

Analyse von Sachtexten

36. **personification** (Personifikation): The attribution of human qualities to non-human notions.
Example: Hunger sat shivering on the dusty road.

37. **polysyndeton** (Polysyndeton): The repetition of conjunctions in close succession for emphasis.
Example: Yesterday <u>and</u> today <u>and</u> tomorrow ...

38. **pun** (Wortspiel): A play on words, on different senses of the same word or on the similar sense or sound of different words.
Example: How to compose yourself ...

39. **rhetorical question** (rhetorische Frage): A question to which no answer is expected.
Example: Who does not want to live in freedom?

40. **rhyme** (Reim): Correspondence of terminal sounds of words.
Example: ... then wet with <u>rain</u> got dry <u>again</u> ...

41. **simile** (Vergleich): Two unlike things are explicitly compared, indicated by a marker such as "like" or "as".
Example: ... <u>like</u> a cloud of fire ...

42. **symbol** (Symbol): A word or set of words that denotes an object, a person or an action and thus has a meaning in itself and that, by convention, also stands for something else.
Example: a skull as symbol of transitoriness

43. **synecdoche** (Synekdoche): The use of a part to signify the whole or vice versa.
Example: sails for ship or the law for a policeman

44. **zeugma** (Zeugma): Construction in which a word is used to modify or govern two or more words although its use is grammatically or logically correct only with one.
Example: He left in high spirits and his wife's car.

31

Analyse von Sachtexten

Hilfreiche Wendungen

- The text deals with .../is directed against .../wants to make clear ...
- The text can be subdivided into .../consists of ... component parts.
- The headline shall arouse the reader's interest ...
- The introduction provides the reader with a rough idea of ...
- The author gives a detailed depiction of .../puts forward the thesis that ...
- He/she supports his/her argument by ...
- He/she arrives at the conclusion that ...

Kontrollieren Sie sich selbst

1. Welches sind die allgemeinen Schwerpunkte der Textanalyse im Englischunterricht?
2. Welche fünf Textsorten lassen sich grundsätzlich unterscheiden?
3. Welche zwei grundsätzlichen Aspekte bestimmen den Aufbau eines Textes?
4. Wie lautet die Leitfrage bei der Analyse der sprachlichen Gestaltungsmittel?
5. Welche sprachlichen Bereiche eines Textes werden bei seiner Analyse vor allem berücksichtigt?

3.4 Musteraufgabe

Women ordained in Church revolution

Almost five centuries after the church of England came into being and two decades after its General Synod said it had 'no fundamental objections', 5 the Church last night finally ordained women to its priesthood.

It is the most controversial and arguably most significant change in the Church since the Reformation.
10 The two-and-a-half hour service at Bristol Cathedral culminated in scenes of celebration as the Bishop, the

Analyse von Sachtexten

Rt Rev Barry Rogerson, turned 32 women deacons into 32 women priests.
Before the service the 32 women arrived by coach from a two-day retreat with the bishop. They looked relaxed until they emerged to be enveloped by cameramen and reporters. As becomes the Christian soldier in difficulties, the women broke into the canticle, *Jubilate Deo,* as they struggled for their suitcases containing their best new cassocks.
Some of the women took to the attention like monks to prayer. 'Hurry up, my hair is getting ruined,' said Anita Thorne to the photographers. 'Anyone want a page 3?' joked Sue Restall, pretending to undo the top butons of her cassock. But there was little irreverence about the consequences of her ordination: 'Only when men and women are seen as equal in ministry will it be seen that we are all equal before God.'
From this morning the new priests will be able to consecrate the bread and wine at Communion and grant absolution after hearing confession.
The first to be ordained was Angela Berners-Wilson, 40, senior Anglican chaplain at Bristol University and curate at the university church. As the bishop ordained the women one by one, he was assisted by the suffragan bishop, the Rt Rev Peter Firth, Bishop of Malmesbury; by the Archdeacons of Swindon and Bristol; and by 170 other priests.

Four priests, individually invited by the candidate, blessed Ms Berners-Wilson as the ordination took place.
In an appropriate sign of the new times, Bishop Rogerson changed the Gospel reading from the usual one to reflect the fact that only women were being ordained, replacing exclusively male pronouns in the liturgy. The reading came from John's gospel where Mary Magdalene sees the risen Christ, which has led some to describe her as 'the Apostle to the Apostles'.
As each candidate knelt before the bishop he placed his hands on their heads, along with the four sponsoring priests. 'Send down the holy spirit upon your servant for the office and work of a priest in your church,' prayed the bishop, 32 times. He then presented 32 bibles.
As a visible sign of their change in status before God, the stoles that previously hung diagonally across the deacons' cassocks, were untied and hung loose from the necks of the priests.
'This is perhaps the greatest event here since it was founded as an abbey in 1140,' said a jubilant Wesley Carr, Dean of Bristol.
The 1,100 people crammed into the cathedral for the historic service, shown live on television, bore no little evidence of the split in the Church of England that the decision to ordain women has created. In his

Analyse von Sachtexten

sermon, the bishop compared their
90 journey to the priesthood with that
of St Paul on the road to Damascus.
Until the last minute there were
threats to disrupt the service from
traditionalist groups who oppose
95 women priests. In the event it was
left to the eccentric figure of the
Anglo-Catholic priest Francis Bown,
Vicar of St Stephen's in Hull, who
unveiled a poster in the city centre
100 declaring 'the Church of England
Murdered Today by the parody of
an ordination service in Bristol
Cathedral as the first priestesses are
created'. Father Brown said the
105 service was an insult to God.
There was another protest carried to
the walls of the cathedral itself – by
Roman Catholic women campaign-
ing for women priests in their Church.
110 'Visible At Last' and 'Women Priests
Yes – Misogynists No' read the
poster from the Catholic Women's
Network, outside the cathedral.

The Archbishops of Canterbury and
115 York described yesterday's service
as 'a significan milestone in the long
history of the Church of England'
and pointed out that 'the majority of
people within our Church believe it
120 to be God's will'.

Up to 1,200 other women deacons
are expected to become priess in
services across the country's 42 dio-
ceses in the coming months. Nearly
125 800 Anglican priests have threat-
ened to leave the Church because
of yesterday's events.

(Observer, March 13, 1994)

Die Groberschließung des Textes durch "aktives, kritisches Lesen" (siehe S. 7 ff.)
sei erfolgt, unbekannte Wörter seien geklärt und das Thema des Textes, hier das
revolutionäre Ereignis der für die "Church of England" erstmaligen Prieserweihe
für 32 Frauen, sei bekannt. Nun geht es nachfolgend um das detaillierte Erfassen
bestimmter Texteigentümlichkeiten.
Da in der Regel im Englischunterricht die Analyse eines Textes von textspezifischen Leitfragen gelenkt sein dürfte, werden auch hier den ausgewählten bei-
spielhaften Untersuchungsschritten Aufgaben oder Fragen vorangestellt.

Überprüfung der Textsorte und -form

Aufgabe 1

Which type of text does the passage (lines 15–78) mainly belong to?

Inhaltlich stellt diese Textpassage das Ereignis in seinem zeitlichen Ablauf dar: erst die Ankunft der
Frauen, dann den Ablauf der Zeremonie. Bestätigt wird diese inhaltliche Erkenntnis auf der sprachlichen Gestalungsebene durch die Verwendung von Verknüpfungselementen, die zeitliche Beziehung
oder Reihenfolge ausdrücken: "Before (Z. 15), as (Z. 23), The first to (Z. 41), As (Z. 44), As each

34

Analyse von Sachtexten

(Z. 65), then (Z. 72)". Die Zeitstufe ist "past tense". Diese Untersuchungsergebnisse sprechen alle eindeutig für die narrative Textsorte. Zur Sicherheit sollte man jedoch in jedem Fall überprüfen, ob man die anderen Textsorten ausschließen kann. Einzelne descriptive Textstellen innerhalb der vorgegebenen Passage (Z. 17–20, 65–68) sind sehr kurz und zudem handlungsbestimmt, so daß sie den Text kaum entscheidend prägen. Auch die wenigen expositorischen Textstellen (Z. 37–40, 73/74) haben ergänzenden Charakter und stehen nicht im Mittelpunkt der Textpassage. Eine Argumentation läßt sich nicht feststellen, und auch eine Instruktion kann man ausschließen, da weder Aufforderungs- noch Befehlssätze dominieren. Nun kann man mit einiger Sicherheit die Frage treffend beantworten. Die Ausführlichkeit der Antwort ist dabei der jeweiligen Situation anzupassen, z. B. Unterricht, Klausur, Abitur.

Lösung: This passage belongs chiefly to the narrative type of text, since it gives a report of the ordination of those women priests based on temporal relations (cf. temporal connectives: lines 15, 23, 41, 44, 65 and 72).

Aufgabe 2

Try to determine the form this text belongs to. Give reasons for your choice.

Die Tatsache, daß hier über ein Ereignis informiert wird, ist offensichtlich. Und die Überschrift als Schlagzeile deutet auf einen Zeitungsartikel hin. Damit sind die in Frage kommenden Textformen bereits deutlich eingeschränkt: Zeitungsbericht, Feature, Kommentar. Da, wie bereits festgestellt, keine geschlossene Argumentation vorkommt, kann auch eine kommentierende Textform ausgeschlossen werden. Bleibt die Frage, ist der Text ein üblicher Zeitungsbereicht oder die Sonderform des Features? Beide Formen informieren den Leser über ein "nachrichtenwürdiges" Ereignis anhand von nachprüfbaren Fakten. Ein Feature jedoch geht über die bloße Dokumentation des Ereignisses hinaus und liefert wissenswerte Einzelheiten sowie Hintergrundinformationen. Dies trifft auch auf den vorliegenden Text zu. So wird die Ankunft der 32 Frauen nicht nur dokumentiert, sondern lebendig ausgestaltet (siehe Z. 15–36). Auch wird der Hintergrund dieses Ereignisses durch Stimmen, die unterschiedliche Standpunkte vertreten, erhellt (Z. 92–120). Damit ist die Textform des Features hinreichend belegt.

Lösung: The text is a feature story for several reasons. First there is a headline to arouse the reader's interest, which points to the fact that this text is an newspaper article. Secondly, like a news report, it gives an account of an obviously newsworthy event, the service in which the first women were ordained to priesthood. But in contrast to an ordinary news report the writer gives additional information, personal details and authentic quotes, characteritics of a feature story.

Überprüfung von Inhalt und Aufbau

Aufgbe 3

How did Bishop Rogerson try to meet the fact that only women were being ordained?

Fragen zum Inhalt eines Textes beziehen sich häufig auf bestimmte Textstellen. Also gilt es zuerst, die angesprochene Textstelle zu identifizieren. Der Name "Rogerson" bringt uns zu Zeile 55, und die nachfolgenden Zeilen bestätigen, daß in dieser Textstelle die Antwort zu suchen ist. Die Antwort ist nicht schwer zu finden, da sie direkt im Text ausgedrückt ist: Bischof Rogerson wählte einen besonders geeigneten Bibeltext für die Lesung aus, und er vermied in der Liturgie die Verwendung von Pronomen von ausschließlich maskulinem Genus. Die Tatsache, daß die Antwort explizit im Text

Analyse von Sachtexten

steht, birgt die Gefahr, daß die Textformulierung übernommen wird. Bei einer Prüfungstextaufgabe droht dann ein gravierender Punktabzug bei der Bewertung. Deshalb sollte man nur im äußersten Notfall Wendungen aus dem Text übernehmen, diese dann aber unbedingt als Zitat kenntlich machen.

Lösung: To cope with this special situation, Bishop Rogerson chose an appropriate reading and avoided pronouns in the liturgy that referred to the male sex only.

Aufgabe 4

How is the text structured?

Bei der Untersuchung des Aufbaus eines Textes muß man den äußeren Aufbau, die sichtbare Einteilung in einzelne Abschnitte, und den inneren Aufbau, die Einteilung in Sinnabschnitte, unterscheiden. Da die äußerlich sichtbare Texteinteilung meist in Beziehung zum inneren Aufbau steht, empfiehlt es sich bei der Untersuchung, vom äußeren Aufbau auszugehen. Ziel der Analyse ist in jedem Fall der innere Aufbau des Textes. Ausgehend von der äußeren Einteilung bestimmt man zuerst Inhalt und Funktion jedes einzelnen Abschnittes. Anschließend überprüft man, ob sich kleine Abschnitte zu größeren Einheiten zusammenfassen lassen. Im vorliegenden Text ordnet der erste Abschnitt das Ereignis der geschichtlichen Entwickluntg der "Church of England" zu und betont im zweiten Abschnitt seine Bedeutung. Dies kann als Einführung gewertet werden, denn es folgt die Nachricht von dem Ereignis in Form einer Kurzmeldung. Damit beginnt auch der eigentliche Hauptteil, der drei wesentliche Sinnabschnitte aufweist: die Ankunft der 32 Frauen, die Zeremonie der Prieserweihe in ihrem chronologischen Ablauf, und öffentliche Reaktionen. Eingefügt ist eine Information über die neuen Aufgaben, die das Priesteramt für die Frauen bringt. Der letzte Abschnitt rundet mit einem Ausblick in die Zukunft den Artikel ab.

Lösung: The text consists of three component parts – introduction, main body and conclusion – which can be further subdivided as follows:

1. introduction (lines 1–14)
   a) revolutionary character of this event (lines 1–9)
   b) event as news in form of a message (lines 10–14)
2. main body (lines 15–120)
   a) the women priest's arrival (lines 15–36)
   b) new tasks as priests (lines 37–40)
   c) the ceremony (lines 41–78)
   d) public reactions (lines 79–120)
3. conclusion (lines 121–127)
   future outlook

36

Analyse von Sachtexten

Überprüfung von Sprache und Gestalt

Aufgbe 5

Comment on the writer's choice of words.

Dieser Arbeitsauftrag stellt implizit die Frage: Inwieweit sind bei den im Text verwendeten Wörtern Auffälligkeiten festzustellen? Diese Auffälligkeiten können von der verwendeten Sprachebene herrühren oder auch von der Art, wie die Wörter verwendet werden. Eine nähere Untersuchung zeigt, daß das verwendete Vokabular insgesamt überwiegend sachlich, klar und allgemein verständlich ist. Bis auf Fachbegriffe, die mit dem Thema zu tun haben, kommen kaum Femdwörter vor. Die Wörter werden zumeist in ihrem eigentlichen Sinne verwendet, sind treffend gesetzt und nicht auffällig gefühlbetont.

Lösung: All in all, the writer's choice of words is adequate to his subject matter. Where appropriate, he uses the correct technical terms (cf. lines 3, 24, 33, 35). His diction shows a quite sophisticated range of vocabulary and has mostly a rather high degree of reference. Thus, in general, the writer's choice of words comes up to what the reader of a quality paper expects the style of a feature to look like.

Aufgbe 6

The writer uses various stylistic devices in his text. Choose two different examples and comment on their respective functions.

Auffälligstes Stilmerkmal in dem vorliegenden Text sind die vielen Zitate (Z. 26/27, 29, 33–36, 63/64, 68–71, 79–81, 100–104, 116/117, 118–120), sowie die relativ häufigen Zahlenangaben (Z. 13, 14, 15, 50, 71, 72, 83, 121, 123, 125). Beide Merkmale sprechen für korrektes und genaues Recherchieren. Zitate, wie vor allem in den Zeilen 26/27 und 29, können jedoch darüberhinaus veranschaulichende Funktion haben. Dieser Funktion dient auch der Vergleich in Zeile 26. Während die Metapher "Christian soldier" (Z. 20/21) sowie die Litotes "no little evidence" (Z. 85/86) emphatisch wirken sollen.

Lösung: The writer uses many quotations (cf. lines 68–71, 79–81, ...) and figures (cf. lines 13, 83, 121) to demonstrate that he investigated his subject of this event. Some quotations (cf. lines 26/27, 29) as well as figurative language – the simile (line 26) and the metaphor (line 20/21) – are employed to make the story more graphic and vivid.

Analyse von Sachtexten

3.5 Übung 2

The Church of England*

One April Fools' Day in the eighties, Jonathan Raban, a British author and jour-nalist, left Fowey alone on his boat Gosfield Maid to sail single-handed along the coastline of Britain. This voyage is told in his book "Coasting". But his day-to-day coasting produces not only vivid descriptions of places and incidents, but also a writer's view of England and the English. In the following extract Mr Raban is on a visit to his father, a retired clergyman, which makes him reflect on the Church of England.

In my childhood, the Church had been as greyly, fundamentally Eng-lish in its texture as limestone coun-try, fog or boiled beef and cabbage.
5 Originally it had been an ingenious construction, put together by apo-state intellectuals and lawyers toady-ing to the interests of the Crown. Its mixture of conscientious protestan-
10 tism and bureaucratic convenience had settled through the centuries like sediment accumulating at the bottom of a pond. All its power lay in its invincible sluggishness. The
15 dank smell of must, mildew and old bones which clung to its buildings had worked its way into the antique and dessicated finery of its clergy –
the soutanes, birettas, suplices, stoles,
20 copes and chasubles which used to fill a trunk in the parsonage box-room. There was the same smell in the men's voices, in the way they pronounced the word "God" with a
25 distinctively Anglican, urbane, bored

sigh, so that it came out as "Gard", as if the Creator was a somewhat tiresome retired Major with whom they were on nodding terms. Even
30 in the 1950s, these men were able to behave as if their Church was the fulcrum around which English life revolved. After each World War, their congregations dwindled fur-
35 ther, but it was the growing mil-lions of conspicuous absentees who were thought eccentric, not the Church. The C of E had weathered lots of passing fads before; it would
40 survive the influence of Television and the habit of lying abed on Sun-day mornings just as it had survived the assaults on it of Cromwell, Wesley, Darwin. Its sheer sluggish-
45 ness helped to guarantee its even-tual well-being; it was too torpid to change, or even to diminish in its importance. It was on a level with the monarchy: England wouldn't be
50 England without it.

* Titel vom Herausgeber

I can still hear their complacent, piping voices coming from behind the drawing room door. "Ah yes, poor soul." "Hmmm –" "Yars." "Old Mrs Tickeridge, you know." "Yars – case for the moral welfare worker, rarlly." Their vicarages and rectories were, like ours, secluded from the world by such a quantity of shrubbery that all alien ideas simply got lost, like golf balls, in the protective tangle of green.

Their congregations went on getting smaller. The old, piping clergymen died, but too few young men turned up to take their places. The cardboard thermometers which stood outside almost every church, registering the progress of the roof appeal, got stuck at a few hundred pounds. The roofs fell in, the thermometers wilted in the rain and the figures (painted on them by vicars' wives from one end of the country to the other) turned into indecipherable splodges of colour.

The Church might just conceivably have withstood all of this. What it couldn't take was the effective demolition of its traditional parishes. The very word parish counjures up the sort of place you might see on a biscuit tin or the box of a jigsaw puzzle, with a green, a pump, a duckpond, a rosy checked postmistress, a general grocer, a butcher, a pub and, right in the centre of things, St Barnabas or St Mark's or St Aidan's. Just out of the picture, beyound the cottage gardens with their hollyhocks and hardy annuals, the Vicarage stood, twice as big and twice as important as the doctor's house up the road.

It wasn't quite like that in the 1950s, but there was still a sufficient resemblance to the picture to keep up the illusion of the Church's claim to stand at the heart of English village life, as well as the larger illusion that England was a country based on the village, not on the city. But the cities were gobbling up the villages on their outskirts. New roads meant the villagers could nip in and out of the towns for their shopping and amusements, while townees could invade the villages as overnight and weekend residents. The bakery, the bucher's, the haberdasher-cum-ironmonger's went broke, and their premises were converted into cottages for outsiders. The pastureland behind the church was sold off and became a maze of crescents of prefabricated houses with Costa Del Sol balconettes and carports. By 1970, no one, not even the vicar, could persist in seeing the parish as the small, self-contained microcosm of England. It wasn't small, it wasn't self-contained – and by 1982 its rosy-cheeked postmistress would be running the Video Club from the Post Office and doing a nice trade in p-snuff movies and lacy erotica at £1.00 a night with Sundays free.

Then there were the new parishes. In 1966 my father moved from a village which was just still a village to a gigantic building site on the edge of Southampton where twenty thousand people were stacked in concrete towers, filed there by the city council for future reference. It was a lonely, ugly, bald, impoverished and godless place. There was no centre of direction in it. Its broad roads spoiled a fertile valley with their idle, nowhere-to-nowhere, sprawling loops, like the handwriting of a retarded child. There were two chemist's shops, where women queued at the counters with prescriptions for heavy sedatives. My father went on his pastoral rounds by way of spraygunned lifts, a bewildered shepherd in search of a lost flock. One year, I counted his sheep for myself. Of twenty thousand parishioners, thirty-six, or it may have been thirtyseven, people turned up for church on Christmas Day. They looked old, pale and shell-shocked.

So did my father and so did the Church at large. There was a lacerating irony even in its name now. Whatever else it may have been the Church of, it was not the C of *E* anymore. It was almost as far out on the margins of modern English life as the Poetry Society or Rastafarianism – and it was on the margins that the Church regrouped.

No longer a national church (except in the fond daydreams of the most unobservantly pious), the C of E settled for being a sect. It was a very big sect indeed, with cells of dissenters spread throughout the world. It had money, influence, palaces, meeting places. It was organised on the lines of a huge corporation. The Archbishop of Canterbury looked foolish and irrelevant when he spoke for England, but he still represented an enormous, if scattered, constituency. If you tried to view it as the centrifuge of English life, the Church was pitifully enfeebled; but as a lobby of Christian feeling and opinion it was intimidatingly powerful.

Quite suddenly, in the middle of the 1970s, the Church of England became a church of troublesome priests and troublesome bishops. For the first time since the Restoration, a constitutional rift was beginning to open up between Church and State. Clerical commissions produced critical reports of government policies on housing, social welfare, defence, wage control and the white supremacist regimes in Africa. In the 1950s the smart cliché about the C of E was that it was the Conservative Party at prayer; now the Church was attacking a Conservative government with at least as much effect as the official parliamentary opposition. At the beginning of the Falklands expedition, priests had refused to bless guns and battleships; in churches, prayers were being said for the Argentinian as well as for the British forces, and the phrase "just settlement" was being widely substituted for the word "victory". My father was a part of this revolution and had been transformed by it. I had seen him as a high Anglican ritualist – the last man in an empty church, raising the Host to the sparrows in the rafters, with the candles blowing out and the hassocks growing mould in the pews. In fact he had emerged as a dissenter, a hot water man, in a Church which had itself been reinvigorated by getting into hot water.

(J. Raban: "Coasting". London: Pan Books 1987, pp. 174–178)

1. What in general is the text about? (One sentence only!)

2. Give a paraphrase for each of the following quotations from the text. Do not use the words underlined:
   a) "... with whom they <u>were on nodding terms</u>." (lines 28/29)
   b) "... and <u>shell-shocked</u>." (line 153)

3. Explain in your own words the meaning of the following quotations from the text:
   "There was a lacerating irony even in its name now." (lines 155/156)

4. Which type of text do the following passages mainly belong to? Give reasons for your choice:
   a) "It wasn't quite ... with Sundays free." (lines 94–126)
   b) "Then there were ... for heavy sedatives." (lines 127–144)

5. Looking at the text as a whole which type of text is prevailing?

6. Sketch briefly the writer's train of thought.

7. What portrayal of the Church of England in the 1950s does the text present?

8. What changes took place between the 1950s and the 1970s that the Church of England could not take?

9. What happened to the Church of England in the middle of the 1970s?

10. What stylistic devices does the author use to make this passage so vivid?

4 Auswertung der Analyse

Die Ergebnisse des kritischen Lesens (siehe S. 7 ff.) und der Textanalyse (siehe S. 17 ff.) ergeben nur dann einen Sinn, wenn sie in ihrem Zusammenwirken gesehen werden. Es stellt sich somit die Frage: Was **bedeutet** das alles? Mit dieser Frage gelangt man zu den sogenannten außertextlichen Faktoren (siehe S. 18) zurück, die den Text geprägt haben. Ziel der Auswertung der Textanalyse ist es also, Erkenntnisse über das folgende, grob vereinfachte Beziehungsgefüge zu gewinnen:

Da dem Schüler bei einem Sachtext kaum Informationen über den Autor, seine Einstellung zu gewissen Themen etc. bekannt sein dürften, müssen solche Informationen aus dem Text, z. B. aus den Analyseergebnissen gefolgert bzw. gedeutet werden. Erst dann kann aus der vorläufigen Sinnerfassung sowie aus der Beschreibung der Gestaltungsmittel ein differenziertes Textverständnis werden.

Ausgehend von dem oben dargestellten Beziehungsgefüge läßt sich die allgemeine Frage nach der Deutung des Textes folgendermaßen grob differenzieren:
- Wie ist die Einstellung des Verfassers zum Textgegenstand?
- Für welche Zielgruppe ist der Text gedacht?
- Welches Kommunikationsverhältnis Verfasser/Leser liegt vor?
- Welche Wirkung auf den Leser wird beabsichtigt?

Auswertung der Analyse

Sind diese Fragen für einen Text hinreichend beantwortet, verfügt man allgemein über das differenzierte Verständnis eines Textes und ist somit auch in der Lage, zu einem Text oder einzelnen Aspekten eines Textes Stellung zu beziehen, d. h. ihn oder einzelne Aspekte kritisch zu beurteilen.

Um diese o. g. Fragen einzeln zu beantworten, müssen jeweils alle Ergebnisse der vorangegangenen Textanalyse berücksichtigt werden, denn jeder einzelne textexterne Faktor wirkt sich auf den gesamten Textbereich aus: Will ein Autor z. B. das englische Schulsystem kritisieren, indem er es lächerlich macht, so wird dieses Vorhaben die Wahl der Textsorte ebenso bestimmen wie Wortwahl, Stil, Inhalt, Aufbau etc. Gleichermaßen wird sich der Faktor "reader" – also die Zielgruppe – z. B. Schulkinder im Alter von 10 bis 12 Jahren, auf den Inhalt und Aufbau sowie die sprachliche und stilistische Gestaltung eines Textes auswirken.

Im Englischunterricht wird bei der Textarbeit wohl selten eine vollständige Gesamtauswertung der Analyseergebnisse verlangt – und schon gar nicht bei der Textaufgabe – sondern vielmehr gezielt nach einzelnen Aspekten gefragt. Nicht zuletzt aus diesem Grunde erscheint die Behandlung der Analyseauswertung in der differenzierteren Form hier sinnvoll.

4.1 Einstellung des Autors zum Textgegenstand

Bei einem meinungsäußernden Text bezieht der Verfasser meist explizit Stellung zu dem behandelten Thema. Seine Einstellung zum jeweiligen Problem ist somit bereits aus dem Inhalt und Aufbau des Textes klar ersichtlich. Aber auch bei anderen Textsorten, die auf den ersten Blick sachlich und objektiv dargestellt erscheinen, sind häufig Hinweise versteckt, die auf die persönliche Einstellung des Verfassers zum Textgegenstand schließen lassen. Um diese Hinweise aufzuspüren, bieten sich folgende Schritte an:

1. **Unterscheidung von Tatsachen und Meinungsäußerungen** (separating fact from opinion): Hier gilt es festzustellen, ob Aussagen auf allgemeingültigen Informationen bzw. allgemein anerkannten Erkenntnissen und Vorstellungen beruhen oder auf unbewiesenen Behauptungen.

2. **Beurteilung der Informationsquellen** (evaluation of the sources of information): Gibt der Verfasser an, woher er seine Informationen hat? Wenn ja, wie verläßlich erscheinen die Quellen?

Auswertung der Analyse

3. **Auswahl und Anordnung** (selection and compositional scheme): Ist die Auswahl der Information ausgewogen, begründet oder vielleicht einseitig, unvollständig? Ist die Anordnung logisch nachvollziehbar und – gesteigert nach Bedeutung – begründet?

4. **Wortwahl und Ausdrucksweise** (choice of words and diction): Werden die Wörter in ihrer Grundbedeutung verwendet (denotation) oder sind sie gefühlsgeladen (connotation). Ist die Ausdrucksweise sachlich und nüchtern (matter of fact) oder wertend (biased)?

Es ist unmöglich, hier die vielen Mittel zu berücksichtigen, die einem geschickten Verfasser zur Verfügung stehen, einen Sachverhalt in seinem Sinne darzustellen. Daher gilt es grundsätzlich, Schlußfolgerungen zur Einstellung des Verfassers zum Textgegenstand in mehrfacher Hinsicht am Text zu überprüfen. Soll im Rahmen einer Textaufgabe dieser Aspekt – also die Einstellung des Verfassers zum Textgegenstand – untersucht werden, so könnten Arbeitsaufträge dazu wie folgt lauten:

– *What is the writer's attitude towards ...?*
– *To what extent does the way the author presents the material reveal his/her personal attitude?*
– *How does the writer feel about ...?*

4.2 Zielgruppe

Wenn ein Autor einen Text schreibt, so macht er sich in seiner Vorstellung ein Bild von dem Leser und gestaltet danach seinen Text. Ein Text für Jugendliche wird inhaltlich wie formal anders aussehen als ein Text, der sich an eine Fachgruppe, wie z. B. Juristen, wendet. So erlauben die bei der Analyse festgestellten Eigentümlichkeiten des Textes auch Rückschlüsse auf seine Zielgruppe (audience addressed). Eine erste Orientierungshilfe hierbei kann die Angabe des Mediums sein, in dem der Text veröffentlicht wurde, wie z. B. Fachzeitschrift, Frauenmagazin, Schulbuch etc. Ferner weisen Thema oder Textgegenstand häufig auf eine bestimmte Zielgruppe hin. So zielt z. B. die Wahlwerbung einer Partei auf die Gruppe der Wahlberechtigten, schließt also Jugendliche und Kinder aus. Bei den meisten Texten dürfte die Erschließung der Adressatengruppe jedoch nicht so eindeutig sein. Hier gilt es dann vor allem festzustellen, welche Kenntnisse

45

und Fertigkeiten beim Leser des Textes vorhanden sein müssen, damit dieser den Text versteht. Werden inhaltliche Fachkenntnisse vorausgesetzt und Fachbegriffe verwendet, die dem durchschnittlichen Leser nicht geläufig sein dürften, so wendet sich der Text an eine ausgewählte Fachgruppe. Ist der Text zwar allgemein, aber inhaltlich wie in der sprachlichen Ausführung anspruchsvoll, so geht der Autor wohl von einem höher gebildeten Leser aus. Über die beim Leser implizit vorausgesetzten Kenntnisse und Fertigkeiten hinaus trägt auch die Bestimmung der Autorintention zur Erschließung der Zielgruppe bei. Die Erschließung der Zielgruppe eines Textes könnte in einer Textaufgabe explizit verlangt werden, z. B. mit Fragen wie

– *What kind of reader do you thoink this article has been written for?*
– *What kind of audience does the writer primarily address himself/herself to?*

Es kommt in Textaufgaben jedoch auch häufig vor, daß die Erschließung der Zielgruppe implizit verlangt wird – als Voraussetzung für die Beantwortung weiterführender Fragen. So setzt z. B. die Beantwortung der Aufgabe 3 (vergl. S. 13 zum Text "Commonwealth Day Message 1993" S. 10/11) voraus, daß die Jugend des Commonwealth als Adressat der Botschaft erkannt wurde.

4.3 Verhältnis zum Leser

Durch die implizite Vorstellung vom Leser sowie durch die mit dem Text beabsichtigte Wirkung auf den Leser baut der Autor bei der Textgestaltung ein bestimmtes Verhältnis zum Leser auf.

Dieses Autor-Leser-Verhältnis kommt vor allem in der Art und Weise, wie der Autor mit dem Leser kommuniziert, zum Ausdruck. Häufig spricht man dann von dem **Ton** (tone), in dem der Text gehalten ist. Hierbei entspricht der Begriff "Ton" durchaus dem Ton in mündlicher Rede, d. h. der Ton kann z. B. ernst, höflich, distanziert, humorvoll oder persönlich sein. Der Ton, in dem ein Text gehalten ist, wird vor allem deutlich in der Darstellungsweise und Anordnung der Aussagen (presentation and arrangement of ideas) sowie in Wortwahl und Stil (choice of words and style). Wenn man sich dessen bewußt ist, verlieren Fragen wie z. B.

– *What is the writer's attitude towards the reader?*
– *How would you describe the overall tone of this passage?*

viel von ihrem Schrecken, der Schüler bei der Bearbeitung einer Textaufgabe bisweilen in den Zustand der Unsicherheit und Ratlosigkeit versetzt.

4.4 Beabsichtigte Wirkung beim Leser

Jeder sinnvolle Text soll beim Leser eine bestimmte Wirkung auslösen. Dies ist das Ziel, das der Autor beim Verfassen des Textes stets im Auge hat. Man spricht deshalb häufig auch von der Absicht des Autors (author's intention or purpose). Um diese seine Absicht zu verwirklichen, bedient sich der Autor der geeigneten Gestaltungsmittel, und die Texteigentümlichkeiten sind das Ergebnis dieses Verwirklichungsprozesses. Folglich müssen zur Bestimmung der Autorabsicht auch alle Ergebnisse der Textanalyse herangezogen werden. Dabei muß man sich allerdings bewußt sein, daß der Text mit seinen Eigentümlichkeiten beim Leser nicht nur den Verstand (intellect) anspricht, sondern auch auf Einbildungskraft (imagination) und Gefühle (emotions) des Lesers gerichtet ist und einwirkt. Einzelne Beispiele von Wirkungsabsichten hier aufzulisten, ist völlig unmöglich, da es davon soviele gibt wie Texte. Allerdings lassen sich grundsätzlich gewisse Richtungen unterscheiden, analog zur Einteilung der Textsorten:
– informieren (to inform)
– erläutern (to explain)
– unterhalten (to entertain/amuse)
– beeinflussen (to influence)
– belehren (to instruct) etc.

Findet man bei Textaufgaben also Fragen wie z. B.
– *What is the writer's main intention?*
– *What effect does the writer want to produce on the reader?*
– *What is the author's purpose in ...?*
so ist es hilfreich, erst einmal den Text anhand der o. g. Liste grundsätzlicher Wirkungsabsichten zu überprüfen und die Absichten, die der Text offensichtlich **nicht** verfolgt, auszuschließen. Durch dieses Ausschlußverfahren erhält man eine grobe Vorstellung von der beabsichtigten Wirkung des Textes und kann dann die genaueren Einzelheiten aus dem Text herausarbeiten.

Auswertung der Analyse

Hilfreiche Wendungen

- The author presents his/her material in an unbiased way ...
- The writer mixes factual information and personal judgement ...
- This article has been written primarily for .../is meant to appeal to ...
- The writer's simple style .../use of technical language ... suggests ...
- The tone of this passage may be described as grave/serious/emotional/...
- The article is written in a humorous/ironical/critical/... tone ...
- The text is meant to point out ...
- The writer wants to amuse/convince/persuade/warn/... the reader ...

Kontrollieren Sie sich selbst

1. Welche Frage führt von der Textanalyse zum differenzierten Textverstehen?
2. Welche grundsätzlichen Fragen lassen sich aus dem Beziehungsgefüge Autor-Text-Leser ableiten?
3. Welche Arbeitsschritte bieten sich an für die Erschließung der Haltung des Autors zum Textgegenstand?
4. Wo in einem Text kommt das Verhältnis des Autors zum Leser vor allem zum Ausdruck?
5. Der Autor will mit der Textgestaltung eine bestimmte Wirkung beim Leser erzielen. Auf welche Wirkungsebenen beim Leser sind die Gestaltungsmittel dabei vor allem gerichtet?

Auswertung der Analyse

4.5 Musteraufgabe

How to cope with pain

Pain comes in two distinct formats: emotional and physical. Of the two, despite what self-dramatising wrecks may claim, physical pain is by far 5 the worst. The question is, though, how should one deal with it, given that, of course, one is actually under its direct influence. (If you're not, the answer is simple: avoid whoever 10 is.) Do you take to bed in abject misery and self-pity or stiffen your upper lip and stoically carry on as if nothing has happened, as if you were feeling well?

15 The answer is neither. If you languish in bed, no one can witness your suffering and if you hide your pain, still no one can witness your suffering. Ask yourself, what's the 20 point in that? If you're in pain – say you have a piece of grit in your eye or something equally annoying – tell everyone. Make them take it into account in their dealings with you.

25 All human interaction is essentially about eliciting sympathy from others. You're merely being a fool to yourself, therefore, if you pass up any opportunity which presents 30 itself to express your physical discomfort.

Now some pains, hangovers for example, are deemed by certain people (ie non-drinkers) to be beyond 35 sympathy by nature of their self-infliction. This is nonsense. Hangovers are doubly painful. First there is the hurt stemming from a dehydrated brain and fragile psyche 40 which, let's face it, is just about intolerable and then there is the punishing knowledge that it could have been avoided. Share this experience with anyone who will lis-45 ten, and even those who won't. It's far too great a burden for one person to shoulder or, indeed, contain with their cranium.

The clue to conveying your distress 50 without incurring disapprobation or, worse, indifference lies in beginning your cry for attention with nonverbal communication. Moan very quietly, but disturbingly, to your-55 self. Be prepared to be ignored at first, but persevere by theatrically ingesting a brace of pain killers. Sooner or later your audience will crack and ask if you're OK. When 60 they do, play down your torment, but only enough to suggest that you are playing it down and that, really, you ought to be in hospital or under some sort of round-the-clock medi-65 cal care.

Of course if you can contrive to swathe yourself in a bandage, plaster cast or neck brace you can by-

49

Analyse von Sachtexten

pass the usual sympathy-seeking
70 preamble. (Note: do not expect this
ploy to work with a hangover.)
Armed with such obvious signs of
your ill-being you can go straight
for martyrdom. Parry inquiries after
75 your health with an anguished,
show-must-go-on smile then sit
back and revel in the concern.
If all these fails – cry. Wall, weep,
snivel, scream. True, you'll blow
80 your chance of winning some kudos

for control, and it will probably all
get very embarrassing and ugly, but
you can guarantee you will receive
the recognition you crave.
85 Copling with pain, then, is all about
fulfilling Hemingway's ideal of dis-
playing 'grace under pressure'. So
when you can bear that irritating
mouth ulcer no longer, make sure
90 to pressure those around you into
showing the good grace to make a
fuss of you.

(The Observer Life, March 13, 1994)

Nach der Erarbeitung des Grobverständnisses und einer sorgfältigen Analyse des
Textes stellt man fest, daß es in der vorliegenden Satire (satire) um die Entlar-
vung der allgemeinen Schwäche geht, die Umwelt an seinen physischen Schmerzen Anteil nehmen zu lassen, um so Mitleid zu erheischen. In Form einer
Parodie der in vielen Magazinen üblichen "Ratgeber- und Lebenshilfekolumnen"
werden Taktik und Tricks durch Übertreibung und Ironie bloßgestellt und der
Lächerlichkeit preisgegeben.

Einstellung des Autors zum Textgegenstand

Aufgabe 1

How does the author feel about the way people generally cope with pain?

Eine entscheidende Voraussetzung zur richtigen Beantwortung der Frage liegt in der Erkenntnis, daß
die vermeintlichen Ratschläge und Tips ironisch gemeint sind. Der Text bietet genügend Stellen
(Z. 25–27, 32–36, 46–48, 59–65 usw.), die als Schlüssel für diese Erkenntnis – im Rahmen der
Textanalyse – dienen. Darüberhinaus verrät die Wortwahl an manchen Stellen die ironische Haltung
des Verfassers: "eliciting (Z. 26), contrive (Z. 66), ploy (Z. 71), revel in concern (Z. 77), to make a
fuss of you (Z. 91/92), ...". Ausgehend von dieser ironischen Haltung erkennt man, daß diese
Ratschläge allgemein praktiziertes Verhalten durch Übertreibung lächerlich machen sollen. Daraus
folgt, daß der Autor dieses "Zurschaustellen" von Leiden als eine menschliche Schwäche ansieht.

Lösung: With his/her parody of those popular "How-to columns" the author
ridicules the common habit of coping with pain by conveying one's distress. At
first glance the author seems to take the problem seriously, since he/she employs
scientific language and develops the topic elaborately. The use of exaggeration
(cf. lines 3, 10/11, 25–27, 45–48, 63–65, 73/74, ...) and of personal comments
put in parentheses (cf. lines 8–10, 34, 70/71), however, make the reader under-

Auswertung der Analyse

stand the irony of the given advice. Finally the author reveals his/her true feelings about "how to cope with pain" by denoting it as "ploys" (line 71) to force others "into showing the good grace to make a fuss of" the suffering person (lines 90–92).

Zielgruppe

Aufgabe 2

What kind of reader does the writer address to?

Die Quellenangabe, THE OBSERVER LIFE, deutet auf ein allgemeines Leserpublikum mit allerdings höherer Bildung hin, da es sich beim OBSERVER um eine anspruchsvollerer Zeitschrift handelt. Selbst wenn man über dieses Wissen nicht verfügt, läßt sich aus Inhalt und Ausführung des Artikels schließen, daß er für einen allgemeinen Leser mit höherer Bildung geschrieben wurde. Der Inhalt des Textes betrifft alle Menschen, denn der "Umgang mit Schmerzen" ist weder auf eine bestimmte Fachnoch Altersgruppe beschränkt. Die ironische Darstellungsweise sowie die Verwendung von schwierigen Ausdrücken und komplexem Satzbau setzen beim Leser für das Verständnis des Textes eine höhere Bildung voraus.

Lösung: The text obviously is directed to a general, but higher educates audience, since it was published in THE OBSERVER, a quality paper. Apart from this fact, the subject matter of the text points to a general audience, for the problem of "how to cope with pain" is not restricted to a special group of people, but concerns everybody. Further, to become aware of the irony of the given advice as well as to understand the sophisticated vocabulary (cf. "languish", lines 15/16; eliciting, line 26; incurring disapprobation, line 50; ...") and the complex sentence structures (cf. lines 5–8, 25–31, 37–43, ...), the reader has to be higher educated.

Verhältnis zum Leser

Aufgabe 3

How would you characterize the tone of the text? Illustrate your answer by typical examples from the text.

Die Beschreibung des Tons, in dem der Text gehalten ist, fällt nicht leicht, da sich im Text zwei Tonschichten überlagern, die jeweils ein eigenes Autor-Leser-Verhältnis kennzeichnen. Zum einen ist da die Beziehung zwischen dem erfahrenen Ratgeber und dem lernwilligen Ratsuchenden, das sich in einem belehrenden Ton widerspiegelt. Dieses Verhältnis ist simuliert und vordergründig. Dahinter verborgen wird eine zweite komplizenhafte Beziehung zwischen Autor und Leser ausgebaut, da beide den wahren Grund der dramatischen "Leidensdarstellung" durchschauen. Dieses Verhältnis ist gekennzeichnet von einem ironischen, spöttischen Ton. Verbunden sind beide Verhältnisse durch die ihnen gemeinsame persönliche Tonlage, die sowohl zu der Beratungssituation als auch zu der Situation der gemeinsamen Verspottung dieser Schwäche paßt. Der beratende Ton kommt vor allem in den Imperativen (Z. 10, 19, 22, 53, 55, 60, 76, 77, 78, 79, 89) zum Ausdruck sowie in Begründungen von Verhaltensanweisungen oder in der Beschreibung ihrer Folgen (Z. 16/17, 18/19, 25–27,

51

Auswertung der Analyse

58/59, 68–70, 79–84). Ironie und Spott offenbaren sich in Übertreibungen (Z. 10/11, 45–48, 56/57, 63–65, 72–74 ...) sowie in der Verdrehung allgemein anerkannter Werte (Z. 19/20, 25–27, 36, 45–48, 51–53, 87–92). Der die beiden Tonlagen verbindende persönliche Anstrich wird deutlich z. B. im Übergang vom unpersönlichen "one" (Z. 6/7) zum persönlicheren "you" (Z. 8 ff.), aber auch in einigen umgangssprachlichen Wendungen (Z. 27/28, 36, 57, 64, 76, 79/80, 91/92), die in Kontrast zum überwiegend ausgefeilten Stil stehen.

Lösung: There are two different relationships between writer and reader established in this text, each reflected in a different layer of tone. First there is the feigned situation of giving advice expressed by an instructive tone. So, for example, there are lots of instructions given to those seeking advice marked by imperatives (see above). Second there is established the actual relationship between writer and reader where both sense the true nature of this way of "coping with pain" and laugh at it. This is expressed by a tone of irony, as one can see, for example, from the ample use of exaggeration (see above), or from the perversion of commonly acknowledged values (see above). Both layers of tone are hold together by an underlying personal tone evident in the use of "you" (from line 8 onwards) instead of "one" (cf. lines 6/7) as well as in colloquialisms (see above) which are in sharp contrast to the otherwise polished and partly grandiloquent style.

Beabsichtigte Wirkung beim Leser

Aufgabe 4

What do you think is the author's main intention?

Aus der Bearbeitung der bisherigen Fragen wird die Absicht, die der Verfasser / die Verfasserin mit dem Text verfolgt, offensichtlich. Mit dieser Satire über eine allgemein menschliche Schwäche soll der Leser in erster Linie unterhalten werden. Darüberhinaus soll dem Leser aber auch (wieder einmal) verdeutlicht werden, wie lächerlich das Aufbauschen und Zurschaustellen geringfügiger Beschwerden tatsächlich wirkt. Dies wird besonders anschaulich am Ende des Artikels, wenn Hemingways Postulat "auch im Unglück Würde zu zeigen" (Z. 85–87) absichtlich verdreht und mißbraucht wird zu der ironischen Aufforderung "seine Umwelt zur Bereitschaft zu zwingen, unnötigen Wirbel um einen zu veranstalten."

Lösung: By satirizing the common habit of playing up one's discomfort (e. g. "piece of grit in one's eye," line 21) and exposing it dramatically to one's surroundings the writer obviously wants to amuse the reader. In addition to that, he/she certainly aims at making the reader aware of the ridiculousness of such behaviour. This becomes absolutely clear when he/she concludes his/her article by encouraging the fictitious reader to force his/her surroundings to "make a fuss of him-/herself" (lines 89–92).

4.6 Übung 3

Freedom In Nature

If You are Seeking the True meanings of the many aspects of Life then Go into Nature. Go where You can enjoy evenings studying the Stars from the porch of your own home, on your own land. Go where You can see the trees that provide the lumber for your house. Go where You can see the crops that provide the food for your table. Go where You can follow the stream that provides your water. Go where You can wander for hours and think freely. Go where You can enjoy directly the fruits of your labor. Go and become what YOU think You are.

Are You clinging to the breast of ready-made living? Are You *afraid* to lose the "comforts" of such living by removing yourself to an unadulterated environment in Nature? Be honest with yourself – have you *really* even thought about changing your way of life? Not just daydreamed and speculated, but really *thought* about it? It isn't hard to change and it's *never* too late. *All* You have to do is set Your Mind on it! Review the factors in your present life. Review the factors of alternative lives. Let the facts make your decision, then let your Mind be your guide. Remember:

You Are What YOU Think You Are

Do you really think that You can be satisfied with your life if you spend the most important hours of the next *Forty Years* away from your family, your home, and your personal Self? Do You really believe that the benefits gained from selling your time to others are worth more to you than that time itself? Do you have to earn money so that you can pay others to do for you those things which you haven't the time to do yourself because you are busy earning money?

Decide Now that You want to have more time to Experience the many Natural aspects of True Life. Set your Mind to it. Save your money and buy a piece of land somewhere where the only thing between Earth and the Universe is You. Grow some crops. Raise some chickens and goats. Go to town occasionally for your supplies. Stop wondering about the ingredients of a bowl of soup – produce the ingredients yourself. Stop worrying about the taste of water – obtain that water yourself. Stop wondering what's inside the walls of your house – put those walls up yourself.

Auswertung der Analyse

You owe it to your Life and the Life of your Family to consider the
70 alternatives to acting as a cog in the world of mechanization. Don't let the intricacies of mechanical won-

ders amaze you into accepting them blindly as substitutes for processes
75 of Life over which You should have direct knowledge and control.

(Hungry Wolf, Adolph: "A good medicine collection", pp. 8/9, Summertown, 1990)

1. What is the writer's attitude towards nature?

2. What kind of reader do you think this text has been written for?

3. What is the writer's attitude towards the reader like?

4. What effect does the writer want to produce on the reader?

54

5 Literarische Texte

Grundsätzlich entsprechen auch literarische Texte (literary texts) der allgemeinen Textdefinition (siehe "Textarbeit"), und von daher gelten die Ausführungen zur Texterschließung, Textanalyse sowie der Analyseauswertung (S. 7 – 48) auch für literarische Texte. Darüber hinaus verfügen literarische Texte jedoch über besondere Wesensmerkmale, die eine zusätzliche Behandlung dieser "literarischen Qualität" im Rahmen der Textarbeit erforderlich machen. Der Begriff "literarische Qualität" sei hier völlig wertfrei als "unterscheidende Wesensmerkmale" gebraucht – eine Diskussion über "Literatur" als Wertbegriff ist hier nicht beabsichtigt und würde auch den Rahmen sprengen.

> Ein wesentlicher Unterschied zwischen literarischen Texten und Sachtexten liegt in der jeweiligen Kommunikationssituation und zwar vor allem hinsichtlich folgender Aspekte:
> - Beziehungen zum sozio-ökonomischen Umfeld,
> - soziale Gebundenheit des Autors und Erwartungen an das Verhalten der Leser und
> - Berücksichtigung der spezifischen Funktionen der Sprache hinsichtlich der Verwirklichung der Autorabsicht.

Bei einem Sachtext sind die sozio-ökonomischen Beziehungen nach außen gerichtet. Ereignis, Personen, Ort und Zeit sind also meistens noch mehr oder weniger klar identifizierbar. Damit wird deutlich, daß der Sachtext der erfahrbaren Wirklichkeit angehört und im Beziehungsgefüge dieser realen Welt einen Platz einnimmt. Dies gilt ebenso für den Verfasser und die Leser des Textes.

Literarische Texte

Damit unterliegt der Text auch den Gesetzen der Wirklichkeit; er kann also z. B. an Aktualität verlieren.

Im Gegensatz dazu sind die sozio-ökonomischen Beziehungen bei einem literarischen Text nach innen gerichtet. Handlungen, Figuren, Ort und Zeit sind frei erfunden und unterliegen nur den im Text selbst begründeten Gesetzen der jeweils erdichteten Welt. Literarische Texte sind also abgeschlossene, von der realen sozio-ökonomischen Wirklichkeit losgelöste Sinneinheiten mit ihrem eigenen Beziehungsgefüge.

Eine Figur A in einem literarischen Text steht also in Beziehung zu Ort und Zeit innerhalb der fiktiven Welt dieses Textes, nicht aber in eindeutig identifizierbarer Beziehung zur Wirklichkeit. Gleichermaßen existieren Sprecher und Angesprochener, ob erkennbar oder nicht, ausschließlich in dieser fiktiven Welt, sind also Figuren oder Rollen und **nicht** mit dem Autor bzw. dem tatsächlichen Leser identisch. Diese Loslösung der Kommunikation von der Wirklichkeit führt zu einem weit größeren Raum der Deutung als bei Sachtexten.

Der Verfasser eines Sachtextes hat eine identifizierbare gesellschaftliche Rolle, die seine Möglichkeiten bei der Auswahl von Textinhalt sowie Ausdrucksmittel eingrenzt. So erwartet man z. B. von einem Berichterstatter faktische Informationen, von einem Kommentator dessen persönliche Meinung etc. Und ebenso geht man davon aus, daß der Verfasser eines Sachtextes so mit den Lesern umgeht, wie es deren gesellschaftlichem Stand entspricht.

Die literarische Kommunikation ist frei von solchen textexternen Verpflichtungen oder Erwartungen und damit auch uneingeschränkt in der Auswahl von Inhalt und Gestaltungsmitteln.

Auch was die Gebundenheit der sprachlichen Funktionen an die Verfasserabsicht anbelangt, ist ein literarischer Text frei von jeglicher Einschränkung. Der berühmte deutsche Psychologe Karl Bühler unterscheidet drei Hauptfunktionen der Sprache, die jeweils mit den drei Hauptbezugspunkten der sprachlichen Kommunikation korrelieren:

Literarische Texte

Dominiert in einem Text das "Es", also der Inhalt, über den "gesprochen" wird, so kommt die Informationsfunktion der Sprache zum Tragen. Die Ausdrucksfunktion dominiert in einem Text, in dem der Sprecher über sich selbst spricht. Steht dagegen der Angesprochene im Mittelpunkt des Textes, so überwiegt die Beeinflussungsfunktion. Die Verfasserabsicht, nämlich zu informieren, sich selbst auszudrücken oder den Leser zu beeinflussen, spiegelt sich in der Sprache wider. Da Sachtexte einen über den Text hinausreichenden pragmatischen Zweck verfolgen, nehmen textexterne Faktoren auch Einfluß auf die sprachliche Gestaltung. Literarische Texte unterliegen hingegen nicht dem Zwang, pragmatische Ziele erfüllen zu müssen. Somit muß sich die sprachliche Gestaltung auch nicht an textexternen Bedingungen orientieren, sondern ausschließlich an der grundsätzlich frei gestaltbaren Gesetzlichkeit der fiktiven Welt des jeweiligen Textes.

Für den Umgang mit literarischen Texten bedeutet das alles, daß im Rahmen einer Analyse jede Erkenntnis über eine Texteigentümlichkeit ausschließlich innerhalb der "fiktiven Welt" jenes spezifischen Textes Gültigkeit besitzt und nicht herausgelöst und verallgemeinert werden darf. So erhält z. B. die Aussage in einem literarischen Text "die Natur gehört allen" völlig unterschiedliche Bedeutung, je nachdem, ob sie vom "Helden" des Textes (etwa einem Eingeborenen) oder von dessen Gegner (vielleicht einem Bauspekulanten) geäußert wird. Es genügt aber nun nicht, die entsprechende Figur näher zu bestimmen, um dann den Wert dieser Aussage erfassen zu können, denn auch diese Figur ist erdacht und nur innerhalb der "fiktiven Welt" des Textes existent. Zur Erarbeitung des Verständnisses eines literarischen Textes ist es demnach unerläßlich, die fiktive Welt des Textes als eigengesetzliche Wirklichkeit zu erschließen. Dies ist möglich, da mit dem Text alle Elemente, die seine fiktive Welt ausmachen, für die Untersuchung vorliegen.

In den nachfolgenden Abschnitten geht es um die grundsätzliche Einführung in das fachliche und methodische Vorgehen bei der Erschließung, Analyse und Interpretation von literarischen Texten.

Literarische Texte

Kontrollieren Sie sich selbst

1. Was haben Sachtexte und literarische Texte gemeinsam und was folgt daraus für die Textarbeit mit literarischen Texten?
2. Worin liegt der grundsätzliche Unterschied zwischen beiden Textarten?
3. Wie sehen die sozio-ökonomischen Beziehungen bei einem literarischen Text aus?
4. Welche Rolle spielen textexterne Faktoren bei der literarischen Kommunikation?
5. Wie wirkt sich bei Sachtexten die Absicht des Verfassers auf die sprachliche Gestaltung aus?
6. Was folgt aus den Erkenntnissen zu den Fragen 1–5 für den Umgang mit literarischen Texten?

5.1 Lyrische Dichtung

Die Analyse lyrischer Gedichte (lyric poetry) gilt bei den Schülern häufig als schwierigste Form der Textuntersuchung. Das mag zum einen daran liegen, daß sich bei den meisten lyrischen Gedichten die Aussage nicht gleich beim ersten Lesevorgang erschließen läßt, zum anderen an der ungewohnten sprachlichen Gestaltung, denn lyrische Gedichte verwenden die sprachlichen Mittel zumeist in einer sehr bildhaften, einfallsreichen und unorthodoxen Weise. Dies erhöht die Gefahr der Fehldeutung in erheblichem Maße und läßt so manchen vor der Analyse eines Gedichtes zurückschrecken. Man kann jedoch davon ausgehen, daß die besondere sprachliche Gestaltung – außergewöhnliche Wortwahl, Umstellung im Satzbau oder bildhafte Übertragung – in jedem Einzelfall bewußt geschieht, und das bedeutet, daß jede Abweichung von der normalen Lesererwartung auch gleichzeitig ein Hinweis für die Entschlüsselung der Textbedeutung darstellt.

Die Erschließung der Bedeutung eines lyrischen Gedichts verlangt also äußerste Sorgfalt und Präzision bei der Textarbeit, und das ist auch der Grund, warum die Erschließung lyrischer Dichtung am Beginn des Kapitels "literarische Texte" steht. Wer die Technik der Textuntersuchung bei lyrischen Gedichten beherrscht, hat kaum Probleme mit anderen literarischen Textformen.

Der Begriff "lyrische Dichtung" bezeichnet hier vor allem relativ kurze literarische Texte in gebundener Sprache (verse), die meist eine Stimmung, einen geist-

igen Zustand oder einen Gedanken- bzw. Gefühlsvorgang aus der Sicht des Sprechers – dem "lyrischen Ich" (lyric speaker) – zum Ausdruck bringen. Um die Bedeutung (meaning) des Gedichts sowie seine beabsichtigte Wirkung (impact) auf den Leser zu erschließen, müssen die zugrundeliegende Kommunikationssituation, die Struktur und die einzelnen Elemente analysiert werden.
Zur Veranschaulichung kann man ein lyrisches Gedicht mit einer Torte vergleichen: Eine Torte besteht z. B. aus einzelnen Teiglagen, einer Fruchtfüllung sowie Sahneschichten. Jede dieser einzelnen Schichten hat eine eigene Konsistenz und einen eigenen Geschmack. Aber erst zusammen genossen ergeben sie gemeinsam den Geschmack der Torte.
Ebenso wie bei dieser Torte tragen bei einem lyrischen Gedicht mehrere "Schichten" gemeinsam zur Gesamtwirkung des Gedichts bei:
– Klangschicht (sound stratum),
– Syntaktische Schicht (syntactical stratum) und
– Bildschicht (imaginary stratum).

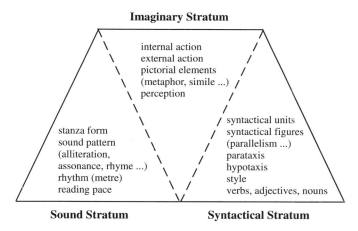

Es entspräche nun nicht der natürlichen Situation bei einer Gedichtanalyse, eine Schicht nach der anderen zu untersuchen und alle Ergebnisse anschließend zusammenfassend auszuwerten. Deshalb soll die Anordnung der nachfolgenden Ausführungen auch nicht nach dem theoretischen Modell erfolgen, sondern sich an der praktischen Situation orientieren. Die erforderlichen fachlichen Kenntnisse werden dann an geeigneter Stelle eingefügt.

Literarische Texte

5.1.1 Betrachtung des Textes als Ganzes

Beim ersten Lesen eines Gedichts geht es zunächst darum, einen allgemeinen Eindruck von dem Text zu gewinnen. Man sollte den Text daher ohne Zielvorgaben lesen, auf sich wirken lassen und im Anschluß daran vielleicht versuchen, seine persönliche, spontane Reaktion (response) auf das Gedicht festzuhalten.

Besondere Wortbedeutung

Erst nach diesem Leseerlebnis beginnt man mit der eigentlichen Erschließung des Textverständnisses. Der Text wird nun sorgfältig gelesen, und die Bedeutung der einzelnen Wörter wird mit Hilfe eines Wörterbuches erschlossen. Bei so dichten und konzentrierten Texten wie Gedichten ist jedes einzelne Wort wichtig, und man muß sich eine wirklich klare Vorstellung von seiner spezifischen Bedeutung in dem vorliegenden Text machen.

Dabei gilt es nicht nur zu beachten, daß Wörter mehrere Bedeutungen haben können, sondern auch, daß sich ihre Bedeutung im Laufe der Zeit gewandelt haben kann, z. B.

> "What's <u>brave</u>, what's noble ..." *(Shakespeare)*

Das Wort "brave" bedeutet in der heutigen Zeit "tapfer", im 16. Jahrhundert bedeutete es jedoch "schön". Die Bedeutung "tapfer" für "brave" würde bei einem Shakespearetext den Sinn entstellen.

Außerdem hat ein Wort nicht nur eine oder mehrere Grundbedeutungen (denotation), sondern löst auch Assoziationen beim Leser aus oder beinhaltet bereits eine Wertung. Dem Dichter stehen jeweils eine Reihe von Wörtern mit ähnlicher Grundbedeutung zur Auswahl. Daher sind es gerade diese "Nebenbedeutungen" (connotations), die meist die Wortwahl entscheidend beeinflussen. Man muß also den Wörterbucheintrag sorgfältig und vollständig lesen und die spezifische Bedeutung im Kontext überprüfen.

Sprecher und Situation

Ist die spezifische Bedeutung der Wörter, die im Text offensichtlich wichtig sind, geklärt, so sollte man versuchen, den Sprecher und die dem Gedicht zugrundeliegende Situation zu identifizieren. Dabei muß man davon ausgehen, daß der Sprecher nicht mit dem Autor identisch ist und daß seine Situation fingiert ist. In vielen Gedichten sind Sprecher und Situation explizit dargestellt, z. B.

Literarische Texte

Go lovely rose!
Tell her that wastes her time and me
That now she knows,
When I resemble her to thee,
How sweet and fair she seems to be ...
(Edmund Waller, 1640)

Hier wendet sich der lyrische Sprecher direkt an eine Rose und schickt sie mit einem Auftrag zu seiner Geliebten.
Aber auch wenn das lyrische Ich nicht explizit benannt wird, muß man von einer fiktiven Sprechsituation ausgehen und sich fragen:
– Wer spricht zu wem?
– Ist es ein Monolog oder sprechen mehrere Figuren?
– Wann, wo und unter welchen Umständen wird gesprochen?

Thema und Gegenstand

Erst nachdem die Kommunikationssituation identifiziert ist, ist es sinnvoll, sich der Frage "Um was geht es in diesem Gedicht?" zuzuwenden. Meist hat man das jeweilige Thema – also den Ideengehalt als Ganzes gesehen – nach mehrmaligem Lesen erfaßt ohne vorher die einzelnen Aussagen analysiert zu haben. Gängige Themen sind z. B. "love", "loneliness", "nature" etc. Ebenso wird der inhaltliche Kern – z. B. ein Konflikt, ein Problem, eine Stimmung, eine Sprechabsicht, ... – bereits bei der Erschließung der Kommunikationssituation erkannt.
Es gibt jedoch auch Gedichte, bei denen sich die o. g. Frage erst nach sorgfältiger Analyse der einzelnen Aussagen beantworten läßt.

5.1.2 Analyse der einzelnen Elemente

Die Reihenfolge der Schritte bei der Analyse hängt in der Regel von dem jeweiligen Text ab. Die nachfolgende Anordnung bei der Darstellung der einzelnen Untersuchungsschritte sollte auf keinen Fall als verbindlich aufgefaßt werden. Vielmehr empfiehlt es sich – vor allem bei schwierigeren Gedichten – die Untersuchung an einer besonders auffälligen Textstelle zu beginnen. Gibt es in dem Gedichttext ein Wort, ein Bild, eine syntaktische Figur oder ein ähnliches Element, das einem rätselhaft vorkommt oder einen überrascht, sich also beim Lesen als Widerstand bemerkbar macht, so sollte man dem natürlichen Wunsch, die

61

Literarische Texte

Bedeutung dieses Elements zu klären, nachgeben. Häufig liegt an solcher Textstelle der Schlüssel für den Einstieg in das Gedicht.
Auf keinen Fall sollte man jedoch – aus lauter Verlegenheit – damit beginnen,
Strophen und Verse zu zählen und das Reimschema sowie das Metrum zu
bestimmen. Das bloße Feststellen von offensichtlichen Äußerlichkeiten hält
einen nur an der Oberfläche fest. Das heißt allerdings auch nicht generell, daß
man nicht mit einer Äußerlichkeit beginnen könnte, nur muß dann eine klare
Zielsetzung vorgegeben werden.

Aufbau

Es ist durchaus sinnvoll, die detaillierte Analyse mit einer genauen Untersuchung
des Aufbaus (composition) zu beginnen. Dabei gilt es, die einzelnen Teile bzw.
Einheiten und ihre Beziehung zueinander (interrelation) zu identifizieren. Es
reicht hierbei nicht aus, auf typographischer Ebene die Gliederung in einzelne
Strophen (stanzas) festzustellen. Diese äußerlich sichtbare Einteilung muß dann
auch auf der Klangebene, der syntaktischen Ebene sowie der Bildebene nachge-
prüft und bestätigt bzw. korrigiert oder ergänzt werden.

Auf der **Klangebene** werden Einheiten durch gemeinsame klangliche Eigenschaften – Klangmuster (sound pattern), Rhythmus (rhythm) – deutlich gemacht
und häufig durch Reime (rhymes) in Beziehung zueinander gesetzt.
Auf **syntaktischer Ebene** bilden Satzgefüge, Sätze oder Nebensätze Einheiten,
wobei Funktionswörter die Beziehungen dieser syntaktischen Einheiten signalisieren.
Auf der **Bildebene** schließlich finden sich Einheiten bildlicher Übertragung wie
z. B. Vergleich (simile), Metapher (metaphor) oder die größere Einheit eines Bildes (image).
Besondere Aufmerksamkeit muß den strukturbildenden Mitteln der **Wiederholung** (repetition) und der **Variation** (variation) geschenkt werden. Diese
Mittel können auf jeder der Textebenen eingesetzt werden und bestimmen in ent-
scheidendem Maße den Gesamtaufbau des jeweiligen Gedichts.
Wiederholungen deuten allgemein auf Ordnung hin und betonen die Bedeutsamkeit der betreffenden Elemente, während Variationen auf Veränderung und Entwicklung hinweisen. So deutet z. B. die unveränderte Wiederholung der ersten
Strophe am Ende eines Gedichtes entweder auf einen Rahmen oder auf ein kreis-
förmiges also meist harmonisches Ordnungsprinzip hin. Wird die Strophe wie-
derholt, jedoch in leicht veränderter Form, kann man auf eine Entwicklung im
Gedicht schließen.

Literarische Texte

Auch im Bildbereich sind Wiederholung und Variation beliebte Mittel. So finden sich in Gedichten die Wiederholung eines Motivs (motif) – z. B. eine Idee, eine Situation oder einen thematischen Aspekt – allerdings ausgedrückt in unterschiedlichen Bildern (images). Man spricht in diesem Fall von einem **Leitmotiv** (leitmotif).

Es ist hier nicht möglich, auf all die strukturbildenden Mittel einzugehen. Deshalb sei zusammenfassend betont, daß der Aufbau als wesentlicher Teil der Gestalt eines Gedichtes auch dessen inhaltliche Bedeutung widerspiegelt, denn der Aufbau ist vom Dichter bewußt und absichtlich so und nicht anders gestaltet worden. Deshalb muß man die Anordnung von Wörtern, Bildern, Sätzen etc. nicht nur auffinden, sondern auch versuchen, sie zu erklären und zu begründen.

Die Untersuchung der Textstruktur fördert automatisch auch das Verständnis der inhaltlichen Aussage des Textes – man kann kaum eine Gestalt untersuchen ohne dabei das Gestaltete wahrzunehmen. Dennoch ist bei den wenigsten der Gedichte mit der Erfassung ihres Aufbaus bereits ein gesichertes Textverständnis gegeben.

Um das zu erreichen, bedarf es einer genaueren Analyse der Mikrostrukturen des Textes, also der sprachlichen und stilistischen Eigentümlichkeiten, die sich ebenfalls auf allen Textebenen finden lassen.

Das Vorgehen bei dieser Analyse wird sich wiederum nach der jeweiligen Textvorlage richten, d. h. man wird in erster Linie zweifelhafte oder dunkle Textstellen genauer untersuchen.

Übung 4

The Sick Rose

O Rose, thou art sick!
The invisible worm,
That flies in the night,
In the howling storm,

5 Has found out thy bed
Of crimson joy:
and his dark secret love
Does thy life destroy.

(William Blake, 1793)

Literarische Texte

1. State in one sentence what the external structure of the poem is like.
2. Try to identify the syntactical units of the poem and say what each of them tells you.
3. Make use of your findings so far and sketch briefly the internal structure of the poem.
4. Compare the external structure with the internal structure of the text. What are the differences?
5. Find out in what way the end rhyme (lines 2/4, 6/8) contributes to both structures and comment on its possible function in the poem.

Sprache und Stil

Die Analyse der sprachlichen und stilistischen Merkmale (language and style) eines Textes im Rahmen einer üblichen Gedichtanalyse bedeutet nicht, daß man hier jede sprachliche und stilistische Einzelheit registrieren und erläutern muß. Es geht vielmehr um Auffälligkeiten im Sprachgebrauch, also um die Frage "Wo weicht der Autor bei der Gestaltung seines Gedichts von der üblichen Sprachverwendung ab und warum tut er das?"
Auffällige Abweichungen vom normalen Sprachgebrauch lassen sich vor allem leicht in den Bereichen Grammatik (grammar) und Syntax (syntax) feststellen. Beide Bereiche beinhalten einen Katalog von Regeln der Sprachverwendung. Und Dichter brechen häufig absichtlich diese Regeln, um eine besondere Wirkung dadurch zu erzielen. Deshalb ist es bei einer Gedichtanalyse oft wichtig, die grammatischen Eigenschaften und Funktionen einzelner Wörter zu bestimmen, um ein Überlesen solch einer vorsätzlichen Abweichung zu verhindern. Übersieht man die Abweichung in Grammatik oder Satzbau, so führt das leicht zu einem Mißverstehen der betreffenden Textstelle.
Solches Mißverstehen einer Textstelle kann man verhindern, indem man z. B. Wortart und Satzgliedfunktion der einzelnen Ausdrücke bestimmt.

> Your bed of blue longing,
> hidden in silver temples,
> the invisible beast
> of ever marauding despair
> has found at last ...
> *(M. Frederic, 1947)*

Diese auf den ersten Blick unübersichtlichen Verse lassen sich mit Hilfe der grammatischen Eigenschaften leicht ordnen:

64

Literarische Texte

- "Your bed ..." = Objekt
- "hidden in silver temples ..." = Apposition (zum Objekt)
- "the invisible beast ..." = Subjekt
- "has found ..." = Verb

Das Verb wird hier also vorangestellt, um seine Bedeutsamkeit hervorzuheben.
Häufig werden auch die besondere Verwendung der Tempora (tenses) übersehen
oder Beziehungen von Pronomen (pronouns) falsch gelesen.
Besondere Beachtung muß ferner den Satzfiguren (syntactical figures of speech)
wie z. B. Anapher (anaphora), Antithese (antithesis), Ellipse (ellipsis), Parallelismus (parallelism) etc. geschenkt werden (siehe auch S. 28–31).

Sprachebene und Wortwahl, überhaupt die Art von Sprache, die der Dichter verwendet, also seine Diktion (diction) stellen weitere Eigentümlichkeiten des Textes dar, die untersucht werden sollten. Abgesehen von zeitlich, geographisch oder
sozial bedingten Einflüssen bei der Entstehung des Textes lassen sich häufig
auch Anspielungen (allusions) – z. B. auf Namen und Ereignisse aus der Bibel
oder der antiken Mythologie – finden, die dem Leser heute nicht immer vertraut
sind und folglich der Klärung bedürfen. Bei modernen Gedichten deutet die
Wortwahl manchmal auch auf ein bestimmtes soziales Milieu (milieu) oder einen
besonderen Lebensbereich hin, oder soll einfach nur die Aufmerksamkeit des
Lesers erregen.
Jedenfalls ist die Analyse der Diktion wichtig, um die Einstellung (attitude) des
Dichters zum behandelten Thema herauszufinden. Dazu muß man auch den Ton
(tone) in dem der Gedichttext gehalten ist, berücksichtigen. Ist er feierlich
(solemn), ernst (serious), humorvoll (humorous) oder spöttisch (mocking) ...?
Meist läßt sich der Ton nicht einfach mit einem Adjektiv treffend bezeichnen.
Man muß die einzelnen Abschnitte separat untersuchen – am besten laut lesen
oder lautlos beim Lesen mitformulieren – und die Frage nach dem Ton differen-
ziert beantworten.

Bildliche Sprache

Besondere Berücksichtigung im Rahmen der sprachlichen Analyse von lyrischen
Gedichttexten verdient das Gestaltungsmittel der "bildlichen Ausdrucksweise"
(figurative language).

Jedes Gedicht, das etwas Konkretes darstellt, läßt im Leser eine bildliche Vorstellung von dem Dargestellten entstehen. Der Dichter kann also mit Worten
malen. Im Gegensatz zu einem Maler jedoch, ist der Dichter bei der Gestaltung

65

Literarische Texte

eines Bildes nicht auf die Zweidimensionalität begrenzt, sondern kann ein Bild räumlich und sogar in dessen Entwicklung gestalten. Darüber hinaus kann er bei dem Leser alle Sinne gemeinsam ansprechen und die sinnlichen Eindrücke so verdichten, daß ein so geschaffenes Bild in seiner sinnlichen Existenz sogar die Wirklichkeit noch übertrifft. Entsprechend diesen Möglichkeiten findet man in Gedichten Bilder unterschiedlicher Art, je nach der vom Dichter gewählten Funktion. Ein Bild kann z. B. etwas Konkretes lediglich abbilden:

> "A wind sways the pines
> And below
> Not a breathe of wild air ..."
> *(G. Meredith, 1870)*

Diese Verse wollen offensichtlich nichts weiter darstellen als das Abbild einer subjektiven konkreten Erfahrung: Die Baumwipfel in einem Nadelwald schwanken im Wind, während weiter unten, im Wald selbst, kein Lufthauch zu spüren ist. Diese Nachgestaltung einer konkreten Vorstellung in Worten, die also nicht mehr bedeutet als das, was sie darstellt, kann man als ein **einfaches Bild** bezeichnen.

Ein Bild kann aber auch etwas Abstraktes – eine Idee, ein Gefühl etc. – versinnbildlichen:

> "My love is like a red rose
> That's newly sprung in June ..."
> *(R. Burns, 1794)*

Hier steht das konkrete Bild der roten Rose nicht für sich selbst, sondern dient dazu, die Liebe des lyrischen Ichs anschaulich vorstellbar zu machen. Da die Analogie rational in ihre Bedeutung übersetzt wird, d. h. Einzelheiten der abstrakten Bedeutung entsprechen Einzelheiten des konkreten Bildes (z. B. "newly sprung"), und diese Analogie explizit gemacht wird (siehe "like"), spricht man hier von einem **Vergleich** (simile).

Basiert die Versinnbildlichung nicht auf einer rational genau nachvollziehbaren Analogie, sondern konkretisiert etwas Abstraktes in allgemeinerem Sinne, dann liegt ein **Symbol** (symbol) vor. So stehen z. B. die Jahreszeiten häufig als Symbole für Lebensabschnitte – der Frühling symbolisiert die Jugend, der Winter das Alter. Dieser Dualismus, nämlich die Vereinigung von Gegenständlichkeit und abstrakter Bedeutung, ist das kennzeichnende Merkmal des Symbols.

Literarische Texte

Es gibt auch die Möglichkeit, statt eine konkrete Vorstellung zur Verbildlichung z. B. eines Gemütszustandes heranzuziehen, umgekehrt diese konkrete Vorstellung mit seelischen Eigenschaften zu versehen:

> "Care-charmer Sleep, son of the sable Night,
> Brother to Death, in silent darkness born,
> Relieve my languish and restore my light ..."
> *(S. Daniel, 1592)*

In diesen Zeilen werden konkreter Zustand und Wirkung des Schlafes so intensiviert, daß der Schlaf als Teil einer übernatürlichen Welt erscheint. Dies geschieht, indem der Schlaf personifiziert wird als Zauberer, als Bruder des Todes, in stiller Dunkelheit geboren, und ihm seelische Qualitäten wie Fürsorglichkeit zugeschrieben werden, so daß er schließlich als großer Erlöser und Heiler erscheint, der des Sprechers leiden lindern und ihm seine Freude und Kraft wiedergeben kann. Auf diese Weise wird der Schlaf ins Übernatürliche erhöht.

Bei all diesen bisher besprochenen Arten von bildlicher Ausdrucksweise wird vom Leser erwartet, daß er sie sich in ihrer bildlichen Gegenständlichkeit, also konkret vorstellt. Anders ist das bei der Figur der **Metapher** (metaphor). Hier verliert das Bild seinen Anspruch darauf, als eigene Wirklichkeit vorgestellt zu werden, und dient nur als Vehikel für die ihm übertragene Bedeutung. Deshalb spricht man bei Metaphern häufig auch von "uneigentlicher bildlicher Ausdrucksweise".

Allgemeines Ziel einer Metapher ist es, das so "Neubezeichnete" von gewohnten emotionalen Nebenbedeutungen und Assoziationen zu befreien, um es mit neuen Konnotationen auszustatten. Bei den Metaphern lassen sich grundsätzlich zwei Typen unterscheiden, je nach Art ihrer Entstehung.

Die Metapher im eigentlichen Sinn beruht auf einer Bedeutungsübertragung aus einem Bildbereich auf einen anderen nach dem Prinzip der Analogie. So verhält sich z. B.

das KAMEL zur WÜSTE wie
ein SCHIFF zum MEER.

Aus dieser Analogie wurde dann die Metapher "Wüstenschiff" für ein Kamel gebildet. Metaphern können auch ohne die vollständige Proportionsgleichung entstehen. Häufig genügt irgendeine strukturelle oder sinnliche Ähnlichkeit: "<u>foot</u> of the hill", "the <u>hard road</u> of life", "the <u>head</u> of an organization" etc.

In der modernen Dichtung wurde diese Form der Metapher jedoch durch Verbindung weit auseinander liegender Bildbereiche so weiterentwickelt, daß sich die Metaphern nicht mehr durch eine Analogie entschlüsseln lassen:

67

Literarische Texte

> "... and our hot expectations
> dive deeply into those vulcanolips
> that neither grant cooling
> nor liberation ..."
>
> *(M. Frederic, 1971)*

Solche Metaphern müssen bei der Analyse dann wie eigenständige Bilder oder Symbole aus dem Kontext erschlossen werden. So steht die obige Metapher "Vulkanlippen" nicht für einen anderen konkreten oder abstrakten Begriff, sondern als eigenständiges Bild. Die Bedeutung dieses Bildes läßt sich aus den nachfolgenden Zeilen erschließen. Denn die Erwartung auf Abkühlung in einem Vulkan ist ebenso widersinnig wie die Suche nach Freiheit in einem Raum, der begrenzt und verschließbar ist, was durch die "Lippen" signalisiert wird. Damit drückt die Metapher hier die Sinnlosigkeit des dargestellten Unterfangens aus.

Bei dem zweiten Typ der Metapher handelt es sich um die sogenannte **Metonymie** (metonymy), also um Bilder, bei denen die Bedeutung innerhalb ihres materiellen Bildbereichs verschoben wird:

> "The scepter, learning, and physic, must
> All follow this, and come to dust ..."
>
> *(W. Shakespeare, 1609)*

Hier wird die sinnliche Dichte der Verse dadurch erhöht, daß der Dichter anstelle des Ganzen jeweils einen Teil davon benennt und so das Allgemeine auf das Besondere zurückführt:

Monarch $\Rightarrow$ Zepter
Gelehrter $\Rightarrow$ Wissen
Arzt $\quad\Rightarrow$ Physis

Bei der Gedichtanalyse genügt es nicht, die einzelne Metapher zu identifizieren, man muß auch die ihr zugedachte Wirkung erklären. In den meisten Fällen verbindet der Dichter in einer Metapher zwei sinnliche Bereiche auf ungewohnte Weise, um eine neue und verblüffende Sehensweise von Dingen oder Sachverhalten anzubieten.

Literarische Texte

Übung 5

The Garden

En robe de parade
SAMAIN[1]

Like a skein of loose silk blown against a wall
She walks by the reiling of a path
                in Kensington Gardens,
and she is dying piece-meal
5   of a sort of emotional anaemia.

And round about there is a rabble
Of filthy, sturdy, unkillable infants of the very poor.
They shall inherit the earth.

In her is the end of breeding.
10 her boredom is exquisit and excessive.
She would like some one to speak to her,
and is almost afraid that I
                will commit that indiscretion
                        (Ezra Pound)

1. The poem presents an image coined by the contrast between an elegantly dressed lady and a crowd of dirty children. In what way is this contrast reflected by the author's choice of words?
2. Are there any syntactical features in the text that strike you?
3. In line 8 the author uses a quotation from the New Testament (Matth. 5:5).
   a) How has the meaning of this quotation been changed by its new context?
   b) What do you think is the effect of its use on the reader?
4. Look up the meaning of "breeding" in a dictionary and explain its ambiguous use in the phrase "the end of breeding" (line 9).
5. Comment on the use of figurative language in line 1. Identify the stylistic device and try to explain its function in the poem.

---

[1] Samain, Albert Victor (1858–1900), French poet

Literarische Texte

Lautliche Gestaltungsmittel

Sprachliche Kommunikation erfolgt nicht nur durch Bedeutung, sondern auch durch lautliche Mittel (sound devices):

> "... It cracked and growled, and roared and howled
> Like noises in a swound! ..."
> *(Coleridge, 1798)*

In diesen Zeilen reproduziert der Dichter mit klanglichen Mitteln die bedrohlichen Laute im Eismeer. Der Klang der Worte dient also zur Verstärkung der Bedeutung ihrer Aussage.

War man früher um Wohlklang bei der Gestaltung eines Gedichtes bemüht, so scheint in der gegenwärtigen Dichtung dieses Bestreben nahezu verpönt. Das heißt jedoch nicht, daß in der modernen Dichtung die lautliche Gestaltung eines Gedichtes völlig gleichgültig geworden ist. Denn die bewußte Vermeidung von Wohlklang bzw. das planvolle Gestalten von Mißklang gehört in denselben Wirkungskreis und verlangt ebenbürtige Fertigkeit.

Bei der Analyse der Lautebene eines Gedichtes werden neben dem Klangbild im allgemeinen zwei Gestaltungsbereiche besonders berücksichtigt: Rhythmus (rhythm) und Reim (rhyme).

Während in der ungebundenen Sprache (prose) die Gliederung der Folge von Sprechlauten durch die geltenden Konventionen von Wort- und Satzbetonung erfolgt, dem Sprecher aber gewisse Freiheiten läßt, den Hauptton je nach Kommunikationsabsicht selbst zu setzen, wird in einem Gedicht die Gliederung des Redeflusses weitgehend vom Dichter festgelegt. Die vertrauteste Form solcher Festlegung erfolgt in sich regelmäßig wiederholenden Taktfolgen (sequence of beats). Dieses feste Muster von alternierenden Hebungen und Senkungen bezeichnen wir als **Metrum** (metre). Je nach Silbenzahl und Betonung unterscheidet man unterschiedliche Bauformen.

Bestimmt wird ein Metrum zum einen durch die ihm zugrundeliegende kleinste Einheit, den **Takt** oder **Versfuß** (foot), d. h. der Verbindung einer betonten mit einer oder zwei unbetonten bzw. schwach betonten Silben, zum anderen durch die Zahl der Versfüße pro Verszeile (line).

Literarische Texte

Gebräuchliche Versfüße

Iambus (Iamb/iambic foot)	=	xX (x = unbetont/X = betont)
Trochäus (Trochee/trochaic foot)	=	Xx
Anapäst (Anapest/anapestic foot)	=	xxX
Daktylus (Dactyl/dactylic foot)	=	Xxx

Hat man den entsprechenden Versfuß bestimmt, fehlen zur Identifizierung des Metrums nun nur noch die Anzahl der Versfüße pro Verszeile.

"I cry / for her / since she / is gone."

Bei diesem Beispiel ist die Silbenfolge jeweils unbetont/betont, entspricht also dem Muster des Jambus. Die Zahl der Versfüße ist vier. Folglich ist das Metrum des Beispiels ein "vierfüßiger Jambus". Im Englischen geht man bei der Benennung etwas anders vor. Man bezeichnet die Anzahl der Versfüße mit dem lateinischen Fachbegriff und fügt die Art des Versfußes als Attribut hinzu. Das Metrum des o. g. Beispiels würde auf Englisch also "iambic tetrameter" lauten. Je nach Zahl der Versfüße sind folgende Fachausdrücke für die Verslänge üblich:

– Monometer = ein Versfuß
– Dimeter = zwei Versfüße
– Trimeter = drei Versfüße
– Tetrameter = vier Versfüße
– Pentameter = fünf Versfüße
– Hexameter = sechs Versfüße
– Heptameter = sieben Versfüße
– Octameter = acht Versfüße

Einige Versformen wurden so häufig verwendet, daß sie einen eigenen Namen erhielten. die berühmtesten dieser Versformen sind vor allem der **Alexandriner** (Alexandrine) ein sechsfüßiger Jambus (iambic hexameter), sowie der **Blankvers** (Blank Verse), ein fünffüßiger Jamubs ohne Reim (unrhymed iambic pentameter).

Die Bestimmung des Metrums für alle Verse eines Gedichts ergänzt durch die Untersuchung seiner Versausgänge sowie seiner äußeren Struktur nennt man **metrische Analyse** (scansion). Das Ergebnis dieser Untersuchung hält man in einer graphischen Darstellung (scansion chart) fest, wobei folgende Zeichen üblicherweise Verwendung finden:

x = unbetonte Silbe (unstressed syllable)
X = betonte Silbe (stressed syllable)
/ = Zäsur (pause)

Literarische Texte

// = Versabschluß (end-stopped line), d. h. Abschluß einer Einheit sowohl auf der lautlichen wie auch der Bedeutungsebene.

→ = Enjambement (run-on-line), d. h. die Aussage reicht rhythmisch wie inhaltlich über das Versende hinaus in die nächste Zeile.

Die Bestimmung des Metrums eines Gedichtes geschieht nicht um seiner selbst willen, sondern ist eine notwendige Voraussetzung für die Untersuchung des Rhythmus eines Gedichtes. Denn der **Rhythmus** eines Gedichtes wird gebildet aus der metrischen Formalisierung des Textes verbunden mit seiner sinnhervorhebenden Betonung. Um also den Rhythmus eines Gedichtes zu bestimmen, muß man zuerst die metrische Struktur identifizieren, dann die sinngemäße Betonung der inhaltlichen Aussage feststellen und schließlich diese beiden "Kurven" übereinanderlegen, also ihr Zusammenspiel erfassen.

> "The fair breeze blew, the white foam flew,
> The furrow followed free;
> We were the first that ever burst
> Into that silent sea
>
> Down dropt the breeze, the sails dropt down,
> 'Twas sad as sad could be; ..."
>
> *(Coleridge, 1798)*

Metrische Struktur (scansion chart)

xXxX/xXxX/	4 (= Zahl der betonten Silben bzw. Versfüßen)
xXxXxX//	3
xXxXxXxX→	4
xXxXxX//	3
XxxX/xXxX	4
xXxXxX//	3

In den ersten vier Versen des Beispiels ergibt das Zusammenspiel von Metrum und sinngemäßer Betonung einen flüssig fließenden Rhythmus, der das schnelle Dahingleiten des Schiffes widerspiegelt. Im fünften Vers hingegen wird die Bewegung deutlich erkennbar abgebremst und kommt im sechsten Vers nahezu zum Stillstand.

Der Rhythmus eines Gedichtes soll meist Bewegung oder eine Stimmung suggerieren und so zur Gesamtintention des Gedichtes beitragen. Daher gilt es, bei einer Gedichtanalyse nicht nur den Rhythmus des Gedichtes zu erkennen, sondern auch seine Wirkung zu ermitteln und zu klären, inwiefern diese zur beabsichtigten Gesamtwirkung des Textes beiträgt.

Der **Reim** (rhyme) eines Gedichts wird bei der Gedichtanalyse von Schülern gerne überschätzt. Es liegt meist an der allgemeinen Unsicherheit der Schüler gegenüber Gedichttexten, daß sie sich bei einer Analyse auf das wenige konkret Feststellbare stürzen. Das Auffinden von Reimen und das Bestimmen des Reimschemas ist wenig sinnvoll, solange nicht deutlich gemacht wird, was und in welcher Weise solche Klangwiederholungen zur Gesamtwirkung des Gedichts beitragen. Ist dies nicht der Fall, erübrigt sich eine Untersuchung der Reime und ihres Schemas.

Grundsätzlich hat der Reim als Wiederholung bestimmter Klangmuster verbindende Funktion. Diese Funktion kann im Aufbau, also auf struktureller Ebene, oder im Inhalt, also auf der Bedeutungsebene wirksam werden. Es empfiehlt sich daher bei der Gedichtanalyse, die Reime bei der Untersuchung jener Ebene mitzuberücksichtigen, auf der sie in dem Gedicht wirksam werden.

Reim (rhyme)

Endreim (end rhyme)	=	Gleichklang von Wörtern vom letzten betonten Vokal an
Binnenreim (internal rhyme)	=	Wörter innerhalb eines Verses reimen sich
reine Reime (perfect rhymes)	=	Gleichklang in Vokal und Schlußkonsonant
unreine Reime (imperfect rhymes)	=	ungenauer Gleichklang (nice-bite)

Das Reimschema eines Gedichtes ergibt sich, wenn man die einzelnen Reime in der Reihenfolge ihres Auftretens mit den Buchstaben a, b, c usw. bezeichnet, wobei die Reimwörter, die gleich klingen, auch denselben Buchstaben erhalten.

> "Three wise men of Gotham, = a
> they went to sea in a bowl, = b
> and if the bowl had been stronger = c
> my song had been longer." = c
> *(C., 1765)*

Literarische Texte

Gedicht- und Strophenformen

In der modernen Lyrik finden sich kaum noch feste Gedicht- und Strophenformen (forms of poetry and stanzas). Vor dem 2. Weltkrieg jedoch war es
durchaus üblich, sich bei der Gestaltung eines Gedichts an traditionellen Formen
zu orientieren. Solche Formen lassen sich zumeist anhand ihrer jeweiligen
Verszahl, ihrem Metrum sowie einem festen Reimschema identifizieren. Häufig
sind Gedichtformen neben ihren formalen und strukturellen Merkmalen auch in
ihrem Inhalt oder ihrer Wirkungsabsicht bestimmt.

Strophenform (stanza form)
Grundsätzlich beginnt man die Bestimmung einer Strophenform mit der Zahl der
Verse. Im Englischen verwendet man dazu folgende Fachbegriffe:
Zweizeilige Strophe = couplet
Dreizeilige Strophe = terzet
Vierzeilige Strophe = quatrain
Fünfzeilige Strophe = quintain
Sechszeilige Strophe = sestet
Achtzeilige Strophe = octave
Strophen mit einer anderen Anzahl von Versen werden wie im Deutschen durch
die Angabe der Zeilenzahl benannt. Desweiteren gehört zur Bestimmung einer
Strophe noch sein Metrum sowie sein Reimschema.
Auch unter den Strophenformen haben sich einige Formen besonderer Beliebt-
heit erfreut. In der englischen Dichtung gilt dies vor allem für folgende Formen:

Heroic couplet = zwei durch Paarreim verbundene fünfhebige Jamben
Terza rima = Dreizeiler, die durch ein besonderes Reimschema (aba,
bcb, cdc usw.) miteinander verkettet sind.
Heroic quartrain = Vierzeiler mit fünfhebigen Jamben und Reimschema abab
Rhyme royal = Siebenzeiler mit fünfhebigen Jamben und Reimschema
ababbcc
Ottava rima = Achtzeiler mit Reimschema abababcc
Spenserian stanza = neunzeilige Strophe in Jamben, deren ersten acht Verse
jeweils fünf und der neunte sechs Hebungen aufweisen,
mit dem Reimschema ababbcbcc

Gedichtformen (forms of poetry)

Bis weit ins 20. Jahrhundert folgten Dichter bei der metrisch-strophischen Gestaltung ihrer Lyrik traditionellen Mustern, die sich von der Antike bis über die
Romantik hinaus herausgebildet hatten. Auch wenn der Einfluß solch traditio-
neller Gedichtformen auf die heutige Lyrik nur eine untergeordnete Rolle spielt,

74

sollte man doch zumindest die nachfolgend vorgestellten Formen kennen und erkennen können.

Ballade (ballad): Die Ballade ist eine literarische Form, die sowohl epische und dramatische wie auch lyrische Elemente vereinigt und in Strophenform geschrieben ist. Als Volksballade (folk ballad) war sie in vielen Ländern eine der frühesten Formen von Literatur. Mündlich, in gesungener Form, überliefert behandelte sie häufig Themen aus dem alltäglichen Leben, tragische Geschehnisse oder Abenteuer und Heldentaten. Später entwickelte sich die Kunstballade (literary ballad), die den Stil der Volksballade nachahmt.

Elegie (elegy): Die Elegie ist ein Klagelied, ursprünglich eine Totenklage. Die Sprache ist daher meist sehr gewählt (formal) und der Ton feierlich (solemn), bisweilen sogar melancholisch (melancholy).

Lied (song): Das Lied ist ein kurzes, meist einfach aufgebautes lyrisches Gedicht mit ausgeprägten Reimen und melodiösem Rhythmus. Es gilt als besonders reiner Ausdruck von Gefühl und Naturempfinden.

Ode (ode): Die Ode ist ein feierlicher, streng durchstrukturierter lyrischer Text mit ernstem oder weihevollem Inhalt. Vielen Oden liegt die Sprechsituation der "Hinwendung an ein höheres Wesen oder Objekt" zugrunde.

Sonett (sonnet): Von den englischen Strophengedichten ist die wichtigste Form das Sonett, ein 14zeiliges Gedicht meist in jambischen Pentametern, das strikt gebunden ist an ein kompliziertes Reimschema. Je nach Reimschema unterscheidet man die italienische Form (Petrarchan sonnet) und die englische oder elisabethanische Form (Shakespearean sonnet):

– **Italienisches Sonett:** Diese Sonettform, benannt nach dem italienischen Dichter Francesco Petrarca (14. Jhr.), besteht aus zwei Teilen, der Oktave und dem Sextett, die so äußerlich den gedanklich antithetischen inneren Aufbau widerspiegeln. In England eingeführt durch Wyatt, wurde diese Form leicht variiert von Milton, Wordsworth, Rossetti und anderen verwendet.

– **Englisches Sonett:** Diese von Spenser und Drayton dem Englischen angepaßte Sonettform, aufgebaut aus drei Quartetten und einem abschließenden gereimten Verspaar, erlangte durch Shakespeare höchste Vollendung.

Literarische Texte

Italian Sonnet (Petrarchan)		Elizabethan Sonnet (Shakespearean)	
Reimschema	Strophenform	Reimschema	Strophenform
a		a	
b		b	quatrain
b		a	
a		b	
	octave	c	
a		d	quatrain
b		c	
b		d	
a			
c or c or c		e	
d d d		f	quatrain
e e e		e	
c d d	sestet	f	
d c c		g	final couplet
e d e		g	

Dem Beispiel Petrarcas folgend verfaßten zahlreiche elisabethanische Sonett-dichter ganze **Sonettzyklen** (sonnet cycles), in denen eine Reihe von Sonetten thematisch miteinander verknüpft sind, indem sie z. B. die unterschiedlichen Aspekte oder die einzelnen Entwicklungsphasen der Beziehung zweier sich Lie-bender enthüllen.

Übung 6

Limerick[2]

A diner while dining at Crewe
Found a rather large mouse in his stew.
    Said the waitress, "Don't shout
    And wave it about,
5 Or the rest will be wanting one, too."

(anonymous)

---

[2] ein humorvoller fünfzeiliger Vers mit festem Metrum und Reimschema, bekannt gemacht durch Edward Lear in seinem "Book of nonsense" (1846)

1. Analyse the metrical pattern of the limerick and draw a scansion chart.
2. What basic type(s) of foot are used?
3. What is the rhyme scheme of the limerick like?
4. Write your own limerick. Mind its fixed metrical pattern and rhyme scheme.

5.1.3 Grundarten der Dichtung

Gerade nach einer differenzierten und detaillierten Gedichtanalyse fällt es häufig schwer, den Blick für größere Zusammenhänge wiederzufinden. Daher ist es ratsam, sich nach der Untersuchung der einzelnen Elemente die Frage zu stellen, welcher Grundart von Dichtung sich der betreffende Gedichttext zuordnen läßt. Um diese Frage zu beantworten, versucht man, aus den Ergebnissen der Textanalyse das grundsätzliche Anliegen, das der Dichter mit seinem Text verfolgt, zu erschließen. Das zwingt einen, den Text wieder als Ganzes zu sehen. Diese Zuordnung, also das grundsätzliche Anliegen des Dichters, eignet sich auch gut als Rahmen oder Einstieg für eine Interpretation eines Gedichtes in Form eines Essays.

Je nach der Grundabsicht, in der sich der lyrische Sprecher äußert, lassen sich vier Grundarten von Gedichten unterscheiden:

1. **Darstellungslyrik** (descriptive poetry): Gedichte, die einzelne Menschen, Erfahrungen, Situationen oder Dinge so darstellen, daß bei dem Leser eine möglichst treffende Vorstellung des Gegenstands der Darstellung entsteht.

2. **Gedankenlyrik** (reflective type): Gestaltung eines Gedankenerlebnisses, einer Idee oder philosophischen Erfahrung in logischer Entwicklung als dichterische Objektivierung einer Wahrheit.

3. **Erzähllyrik** (narrative type): Gedichte, die ein meist handlungsreiches, schicksalhaftes Geschehen in knapper Form wiedergeben.

4. **Gefühlslyrik** (lyric type): Meist kurze Gedichte in Liedform, die eine subjektive Stimmung oder Empfindung ausdrücken.

Literarische Texte

Kontrollieren Sie sich selbst

1. Welche Schichten eines lyrischen Textes tragen zu seiner Gesamtwirkung bei?
2. Was gilt es bei der Ermittlung der spezifischen Bedeutung wichtiger Wörter zu bedenken?
3. Welche grundsätzlichen Gestaltungsmittel bestimmen den Gesamtaufbau eines Gedichts?
4. Worauf kommt es bei der Untersuchung der sprachlichen und stilistischen Mittel in erster Linie an?
5. Warum ist die Analyse der Diktion des Dichters wichtig und worauf sollte man dabei vor allem achten?
6. Welche Möglichkeiten der bildlichen Ausdrucksweise können in einem Gedicht vorliegen?

5.1.4 Plan zur Gedichtanalyse

Das Vorgehen bei der Analyse eines lyrischen Textes richtet sich in erster Linie nach der jeweiligen Textvorlage. Da im Englischunterricht der gymnasialen Oberstufe eine Gedichtanalyse meist im Rahmen einer Textaufgabe vollzogen wird, stellt auch der jeweilige Aufgabenkatalog (worksheet) oft bereits einen sinnvoll gegliederten Plan für die Analyse der betreffenden Textvorlage dar. Dennoch soll nachfolgend versucht werden, ein grundsätzliches Modell zu skizzieren, wie bei einer Gedichtanalyse vorgegangen werden kann. Hierbei werden dort, wo es sinnvoll erscheint, den Untersuchungsschritten mögliche Fragen, wie sie in einer Textaufgabe vorkommen könnten, als illustrierende Beispiele hinzugefügt. Solche Fragen, hier nur von allgemeinem Charakter, können in einer Textaufgabe natürlich auch ganz speziell auf die jeweilige Textvorlage formuliert sein.

1. **Lesephase** (reading process)
   a) Erstes Lesen (first reading):
      Sorgfältiges, aber dennoch flüssiges Lesen, um den Text als Ganzes zu erleben.

b) Lautes Lesen (reading aloud):
Auch wenn lautes Lesen nicht möglich ist, sollte man versuchen, die Wörter zu artikulieren, um den Rhythmus und den Klang des Textes zu erfassen.

c) Lesen in einzelnen Segmenten (reading in detail):
Langsames Lesen in einzelnen Sinn- oder Ausdruckseinheiten, um Entwicklung und Aufbau des Textes zu erleben.

d) Reaktion (response):
Festhalten der persönlichen Reaktion auf das Gedicht.
 – *What is the theme of the text?*
 – *What is the event or situation presented here? ...*

2. **Texterschließung** (understanding the text)
a) Ermittlung der Bedeutung wichtiger Wörter und Ausdrücke
b) Erfassen der Kommunikationssituation
c) Erschließen der inhaltlichen Aussagen
 – *Explain the meaning of ...?*
 – *Paraphrase ...!*
 – *Who is speaking?*
 – *What do you learn about the speaker and his psychological or social situation?*
 – *What are the first two stanzas about?*
 – *Sum up the external action of the poem.*

3. **Analyse einzelner Elemente** (detailed analysis)
a) Aufbau und Inhalt
b) Sprache und Stil
c) bildlicher Ausdruck
d) lautliche Gestaltungsmittel
e) Gedichtform
 – *Describe the external form of the poem.*
 – *Examine the connection between the different stanzas.*
 – *Sum up the poet's train of thought.*
 – *State which tense group dominates and explain why the particular tenses used are best to suit the presented situation.*
 – *What kind of figurative speech can you identify? Give three examples and describe the effect of each.*
 – *Study the scansion of the poem and identify the predominant type of foot.*

Literarische Texte

- *What is the tone of this poem?*
- *What form of poetry does the text belong to?*

4. **Auswertung** (evaluation)
   a) Welche Anliegen verfolgt der Dichter mit seinem Text?
   b) Welcher Grundart läßt sich das Gedicht zuordnen?
   c) Wie hat der Dichter versucht, sein Anliegen zu verwirklichen?
      - *What is the intention behind the poem?*
      - *Discuss the form of the poem in relation to its content.*
      - *What message does this poem convey to you?*
      - *What makes the poem so ...?*

Hilfreiche Wendungen

- This ballad/song/sonnet ... is about ...
- The poem presents/shows ...
- The poem consists of .... stanzas ...
- As far as the metre is concerned the basic pattern is iambic/trochaic/...
- This poem rhymes ababcc/abcabc/in pairs/...
- The scansion of the lines provides the following result: ...
- Its syntactical structure is rather complicated/simple/...
- The lyrical speaker can be identified as ...
- Stanza I/II/... deals with the theme of ...
- The intention behind the poem is ...

5.1.5 Gedichtinterpretation

Die Gedichtinterpretation (critical appreciaton) ist die begründete Darstellung der Ergebnisse der Gedichtanalyse in Form eines geschlossenen Aufsatzes. Aufgabe dieser Interpretation ist es, die Erschließung der Bedeutung des Gedichtes nachvollziehbar darzulegen, das Anliegen des Dichters zu benennen und aufzuzeigen, auf welche Weise und mit welchen Mitteln versucht wird, die beabsichtigte Wirkung des Textes zu realisieren.

Die Gedichtinterpretation ist in der Regel eine **sachliche Aufsatzform**, persönliche Ansichten und Wertungen haben im Hauptteil des Aufsatzes nichts zu suchen und gehören, wenn erwünscht, in den Schlußteil. Für das Verfassen der Gedicht-

interpretation gelten ansonsten die gleichen Regeln wie für andere Aufsatzarten auch. Einige besondere Punkte sind jedoch zu beachten:
– Es ist in jedem Fall zu vermeiden, daß man den Inhalt des Gedichtes nur umschreibt und lediglich kommentiert.
– Einzelne Merkmale und Aspekte sollten stets zuerst bestimmt und dann erklärt werden.
– Alle Aussagen sollten aus der Textvorlage heraus begründet oder verifiziert werden.
– Mit Zitaten sollte man sparsam umgehen und sie nur verwenden, wenn sie im Aufsatz eine wirkliche Funktion erfüllen.
– Bei der Ausführung sollte man sich um einen möglichst einfachen, klaren und übersichtlichen Stil bemühen, denn häufig verführen komplexe inhaltliche Aussagen zu komplexen und unübersichtlichen Formulierungen.

5.1.6 Musteraufgabe

Days

What are days for?
Days are where we live.
They come, they wake us
Time and time over.
5 They are to be happy in:
Where can we live but days?

Ah, solving that question
Brings the priest and the doctor
In their long coats
10 Running over fields.

(Larkin, "The Whitsun Weddings",
Faber & Faber Ltd., London, 1964)

Literarische Texte

Betrachtung des Textes als Ganzes

Aufgabe 1

What is your general impression of the text after your first reading?

Nach dem ersten Lesen gewinnt man den Eindruck, daß es sich hier um ein einfaches Gedicht handelt, in dem der Sprecher über die Frage nachdenkt, wozu Tage gut sind, diese Frage jedoch nicht schlüssig beantwortet.

Lösung: After the first reading one gets the impression that the short poem is just a brief contemplation of the question "What are days for?" At first glance, however, there is no conclusive answer to that question given in the text.

Aufgabe 2

Comment on the situation underlying the first stanza of the poem.

Das Gedicht beginnt mit einer so einfachen Frage zu einem grundsätzlichen Begriff des alltäglichen Lebens, daß man unwillkürlich an die typische Kind-Eltern-Situation erinnert wird, bei denen das Kind die Eltern zu allem, was ihm begegnet, mit Fragen löchert. Diese Vorstellung wird noch verstärkt durch die Antwort, vor allem in den Versen 3 und 5, die inhaltlich wie auch im Ton ganz dem Muster entspricht, in dem Eltern gewöhnlich solche Fragen der Kinder beantworten, nämlich beruhigend, einfach, positiv und allgemein vage. Auch die äußerst einfache sprachliche Gestaltung des Textes paßt zu dieser Vorstellung. Allerdings schließt die Strophe mit einer Frage, die über dieses übliche Frage-Antwort-Muster zwischen Kindern und Eltern hinausweist.

Lösung: The starting question seems to be put by somebody to whom the word "days" is new. This points to a child who has just come across this word for the first time and now asks his/her parent what it means. This assumed situation is supported by the answers to that childlike question given in the text, especially in lines 3 and 5, for here we sense a possibly reply by the parent to the child. The simplicity and vagueness of the answer will probably suffice only for a child. In addition, the answer is given in a tone, in which parents usually reassure their children of life. This assumed situation is supported by the extremely simply language employed in this text. The question in line 6, however, moves the reader beyond the childlike questioning.

Analyse einzelner Elemente

Aufgabe 3

Sketch how the text is structured.

Der Text gliedert sich in zwei Strophen unterschiedlicher Länge, aber auch unterschiedlichen Charakters. Während die erste Strophe noch Sicherheit und das Bild einer glücklichen heilen Welt widerspiegelt, ändert sich diese Grundstimmung in der zweiten Strophe. Hier dominiert das Rätselhafte, Unsichere und sogar Bedrohliche. Dieser Stimmungswechsel wird auch auf der sprachlichen Ebene signalisiert. In der ersten Strophe werden klare, zumeist einsilbige Wörter in einfachem Satzbau verständlich und übersichtlich geordnet zur Darstellung verwendet. In der zweiten Strophe hingegen verdichten sich überwiegend zweisilbige Wörter in einem einzigen längeren Satz zu einem dunklen Bild.

Literarische Texte

Lösung: The poem can be subdivided into two stanzas, different in length as well as in mood. The first stanza signifies an unchanging, safe and happy world, whereas the second stanza portrays a rather puzzling and even menacing image suggesting deeper problems of time. This change of mood is also reflected in the language used in these stanzas. The mainly monosyllable words and simple syntax in the first stanza are replaced by two-syllable words and a less clear syntactical structure in the second. This break between the two stanzas is clearly marked by the initial "Ah" in the second stanza, signifying a change in the attitude of the poetic speaker towards his/her subject matter.

Aufgabe 4

Try to explain the image in the lines 8–10.

Die Vorstellung, wie der Arzt und der Priester in ihren langen Gewändern über die Felder rennen, mag im ersten Augenblick erheiternd wirken. Im Zusammenhang mit der Frage in Vers 6 jedoch, wird die Bedrohlichkeit dieses Bildes unmißverständlich klar. Beide, Arzt wie Priester, sind dann nötig, wenn das Leben in Gefahr ist, wenn es vielleicht zum Sterben kommt. Diese Boten des drohenden Unheils zerstören in dem Bild die eigentlich friedliche, heile Welt, die man mit dem Ausdruck "over the fields" verbindet, indem sie in ihren langen Gewändern, also in Dienstkleidung, rennen, was die Dringlichkeit ihrer Hilfe und damit die Bedrohlichkeit der Lage noch unterstreicht. Dieses Bild bringt somit die kindliche Vorstellung des Lebens als zahllose Folge von Tagen mit dem Tod in Zusammenhang.

Lösung: Referring to the question in line 6 the image of the priest and the doctor, people who are concerned with the health and survival of body and soul, points to mortality. The fact that they are running dressed in their gowns, brings a note of urgency into the peaceful scene one associates with the expression "over the fields". Thus the image connects the childlike notion of life as an endless succession of days with the power of death.

Auswertung

Aufgabe 5

What effect does the author want to produce on the reader and how does he try to achieve it?

In dem Gedicht geht es um Gedanken zu einem einfachen, alltäglichen Begriff "Tage". Dieser Begriff ist für Erwachsene so selbstverständlich, daß wir uns bei der Eingangsfrage unwillkürlich in die Kindheit zurückversetzt fühlen, in der wir solche grundsätzlichen Begriffe noch hinterfragten. Dazu passend ist auch die Antwort, auf die der Leser jedoch ambivalent reagieren könnte. Einerseits empfinden wir ein Gefühl der Sehnsucht in uns aufsteigen, nach jener unkomplizierten Weltsicht, in der Fragen und Probleme noch so einfach zu lösen sind. Andererseits regt sich jedoch Widerspruch in uns gegen diese Vereinfachung, denn der Begriff "Tage" ist in unserer Erfahrung untrennbar verknüpft mit dem Begriff der "Nächte". Und was ist mit den "Nächten", wenn die "Tage" das Heim bilden, in dem wir leben? Damit ist der Dialog zwischen Kind und Elternteil zu unserem eigenen inneren Dialog geworden. Dies verdeutlicht auch die Frage in Vers 6, die den durch die kindliche

Literarische Texte

Eingangsfrage ausgelösten Denkprozeß auf der Erwachsenenebene fortführt. Die Unkompliziertheit der kindlichen Weltsicht ist verschwunden, signalisiert durch das "Ah" in Vers 7 und den Begriff "solving". Es geht nun um die Suche einer Lösung, und da kann man das Ende, den Tod nicht einfach außer acht lassen (Z. 8–10). So sieht sich denn der Leser am Ende des Gedichts mit der ungestellten Frage konfrontiert "Gibt es für uns ein Leben nach dem Ende unserer Tage und wie sieht das aus?"

Lösung: As in this poem the poetic speaker presents and comments on ideas of life and time, this text belongs to the reflective type of poetry inviting the reader to take part in the contemplation it presents. With the text starting with a seemingly harmless question that sounds childlike the reader feels him-/herself witnessing an everyday question-and-answer situation. But he/she gets already interested in the contemplation when learning the parent's reassuring answer, for if "days are where we live", what, then, of nights, of the darkness? Thus the dialogue the reader witnesses becomes a dialogue within the reader. The following lines (lines 3–5) may make the reader yearn for the state of childhood in which one can be satisfied by simplicity, but the question in line 6 leads the reader back into the world of grown-ups. This question together with the image of the running priest and doctor finally force the reader to recognize the power of death and leave him/her with the need to find an answer to that question beyond death.

5.1.7 Übung 7

On the Sea

It keeps eternal whisperings around
Desolate shores, and with its mighty swell
Gluts twice ten thousand caverns, till the spell
Of Hecate leaves them their old shadowy sound.
5 Often 'tis in such gentle temper found,
That scarcely will the very smallest shell
Be moved for days from where it sometime fell,
When last the winds of Heaven were unbound.
Oh ye! who have your eye-balls vexed and tired,
10 Feast them upon the wideness of the Sea –
Oh ye! whose ears are dinned with uproar rude,
Or fed too much with cloying melody –
Sit ye near some old cavern's mouth and brood,
Until ye start, as if the sea-nymphs quired!

(John Keats, 1817)

Literarische Texte

1. Explain the following allusions made in the text.
   "... the spell of Hecate ..." (lines 3/4)
   "... the winds of Heaven were unbound." (line 8)

2. Identify the form of the poem.

3. Describe the situation presented in the first eight lines.

4. Which figure of speech is employed in the following quotation? Explain.
   "... leaves them their old shadowy sound." (line 4)

5. Which stylistic device is predominantly used in the octave?

6. Express briefly what the poetic situation is like in the second part of the poem
   (lines 9–14).

7. What do you think is the overall effect of this poem?

5.2 Prosadichtung

Der Begriff "Prosadichtung" (fictional prose) bezieht sich hier auf Texte, die in Prosa (= nicht in Versen) verfaßt sind und deren Inhalt erfunden ist, selbst wenn dieser zum Teil Ereignissen oder Personen des wirklichen Lebens nachgestaltet sein sollte. Dieser Begriff soll hier der Abgrenzung zur Lyrik einerseits und zum Drama andererseits dienen.

Die Schwierigkeit bei der Analyse fiktionaler Prosa liegt häufig darin, daß die Form solcher Texte, nämlich Prosa, sich von der Form alltäglicher Sachtexte kaum unterscheidet. Das verleitet den Leser leicht dazu, solche Texte mit der gleichen, ganz auf den Inhalt ausgerichteten Oberflächlichkeit zu lesen wie alltägliche Informationen. Im Gegensatz zu den meisten alltäglichen Informationen handelt es sich bei der literarischen Prosa jedoch vielfach um komplexe, subtil gestaltete Äußerungen, in denen jedes Element der Gestaltung, wie bei einem Gedicht, eine eigene Funktion hat und so zum Ausdruck der Gesamtaussage des Textes beiträgt. Daher empfiehlt es sich grundsätzlich, bei der Analyse eines literarischen Prosatextes ähnlich zu verfahren wie bei der Analyse eines Gedichtes. Dies gilt vor allem für die Analyse im Rahmen einer Textaufgabe, bei der der Umfang der Textvorlage entsprechend der zur Verfügung stehenden Arbeitszeit angemessen begrenzt ist. Bei der Analyse umfangreicherer Texte, wie z. B. einem Roman (novel), im Rahmen einer Unterrichtssequenz werden durch gezielte Arbeitsaufträge meist Schwerpunkte gesetzt.

Bei fiktionaler Prosa lassen sich eine Vielzahl von Arten unterscheiden, je nachdem, welcher Zweck mit dem jeweiligen Text vorrangig verfolgt wird: argumentierende (discursive), beschreibende (descriptive), erklärende (explanatory), erzählende (narrative) Prosa (prose) u. a.

Die im Unterricht weitaus am häufigsten behandelte Art fiktionaler Prosa sind jedoch "Erzählende Texte" (narrative texts). Daher orientieren sich die nachfolgenden Ausführungen zur Analyse fiktionaler Prosa auch im wesentlichen an dieser Textart.

5.2.1 Betrachtung des Textes als Ganzes

Beim ersten Lesen eines fiktionalen Prosatextes ist es das Ziel, seinen Inhalt zu erfassen, also herauszufinden, um was es in der Kurzgeschichte, Parabel, Anekdote oder in dem Romanausschnitt geht. Dazu reicht es jedoch nicht aus, die dargestellte Handlung (action) und die beteiligten Hauptfiguren (main characters) zu erfassen. Man muß auch erkennen, wo und wann sich das Geschehen abspielt, und vor allem durch wen das Geschehen dem Leser vermittelt wird. Hat man den Text in all diesen Punkten erfaßt, dann kann man eine erste Vermutung über die vom Autor beabsichtigte Wirkung auf den Leser anstellen, bevor man mit der Analyse einzelner Aspekte, gemäß der jeweiligen Aufgabenstellung, beginnt.

5.2.2 Analyse der einzelnen Elemente

Ein erzählender Text ist das Ergebnis eines Erzählvorgangs, wobei ein Erzähler mit Wörtern ein raumzeitliches Kontinuum von Geschehen in der Vorstellung des Zuhörers oder Lesers aufbaut. Dieses Kontinuum der vorgestellten Wirklichkeit im Zuhörer oder Leser ist also abhängig von der Subjektivität des Erzählers, d. h. es wird bestimmt von der Person des Erzählers sowie seinem Standort, seinem Wissen und seiner Haltung gegenüber dem Erzählten.

Auch wenn die fiktionale Wirklichkeit als eine Objektwelt erscheint, hat sie in der Erzählerfigur doch immer einen subjektiven Bezugspunkt. Je nach Standort der Erzählerfigur liegt dieser Bezugspunkt innerhalb oder außerhalb der erzählten Welt. Darüber hinaus wird der Erzählvorgang noch durch die Blickrichtung der Erzählfigur grundlegend bestimmt. So kann der Erzähler das Geschehen in Form eines Rückblicks in die Vergangenheit vermitteln oder er kann Vergangenes vergegenwärtigen.

Allein die hier angeführten Möglichkeiten für die Wahl des subjektiven Bezugspunkts für das Erzählte macht deutlich, wie wichtig eine genauere Untersuchung der Erzählerfigur für die Analyse eines Erzähltextes ist.

Erzählerfigur

Die Erzählerfigur (narrator) ist in jedem Erzähltext vorhanden, selbst wenn sie hinter dem Erzählten verborgen bleibt, denn erst durch sie konstituiert sich die Erzählung als solche.

Häufig neigen Schüler dazu, den Erzähler, wenn sie ihn einmal entdeckt haben, mit dem Autor gleichzusetzen. Dies mag in wenigen Einzelfällen zutreffen. In der Regel jedoch ist die Erzählfigur ein vom Autor erfundenes Element der Erzählung, nämlich die von ihm gewählte Instanz, durch die er das Erzählte vermitteln will. So kann er das Geschehen z. B. von der Hauptfigur (protagonist)

Literarische Texte

selbst erzählen lassen oder von einem außerhalb der fiktiven Welt stehenden allwissenden Erzähler (omniscient narrator).

Was ist es nun, was die Erzählfigur ausmacht? Die Erzählfigur bestimmt den Erzählvorgang grundsätzlich zum einen durch ihre Perspektive (perspective/point of view) und zum anderen durch ihre Haltung zum Erzählten (narrative stance). Von der **Perspektive**, also der Sicht, aus der die Erzählfigur das Geschehen präsentiert, hängt auch ab, wieviel sie über das Geschehen weiß.

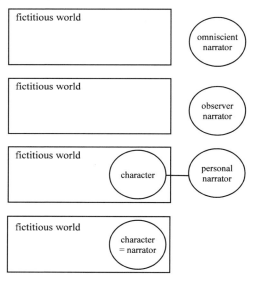

Grundsätzlich kann die Erzählerfigur entweder außerhalb der erzählten Wirklichkeit stehen oder aber dieser fiktiven Welt angehören. Steht sie außerhalb und weiß alles über diese fiktive Welt, kennt also das äußere Geschehen ebenso wie das Denken und Fühlen der betroffenen Figuren, dann ist die Perspektive unbegrenzt (unlimited point of view), und man spricht von einem sogenannten **allwissenden Erzähler** (omniscient narrator). Für die Erzählerfigur außerhalb der erzählten Welt gibt es jedoch noch weitere Möglichkeiten der Wahl der Erzählperspektive. So kann sich der Erzähler mit der Rolle eines beobachtenden Vermittlers begnügen, d. h. er erzählt nur das sichtbare äußere Geschehen ohne dem Leser einen Einblick in das Innere der Figuren zu gewähren. Damit wäre seine Perspektive freiwillig begrenzt (voluntarily limited), und man würde in einem solchen Fall von einer **beobachtenden Erzählerfigur** (observing narrator) sprechen. Schließlich kann sich die Erzählerfigur auch dafür entscheiden, das

Geschehen aus der Innensicht einer oder abwechselnd mehrerer der beteiligten Personen zu präsentieren. Dabei bleibt der Erzähler als eigenständige, nicht zur fiktiven Welt gehörenden Instanz bestehen, d. h. er benutzt die gewählte Perspektive lediglich wie eine Maske (= "persona"). Man spricht dann von einem **personalen Erzähler** (personal narrator). Auch hier ist seine Perspektive freiwillig begrenzt.

Der Erzählvorgang kann jedoch auch von einer Figur konstituiert werden, die der fiktiven Welt angehört. Dabei kann sie eine der am Geschehen beteiligten Charaktere – der Held (protagonist), eine Hauptfigur (major character) oder eine Nebenfigur (minor character) – oder lediglich unbeteiligter Beobachter sein. In jedem dieser Fälle ist die Perspektive und damit das Wissen der Erzählerfigur automatisch begrenzt.

Bei den oben dargestellten unterschiedlichen Erzählerfiguren handelt es sich um Grundtypen, die lediglich nach den Kriterien ihres Standortes und ihrer Perspektive definiert wurden und nur selten in reiner Form vorkommen. Auch gibt es noch weitere Aspekte, die zur Klassifizierung unterschiedlicher Erzählerfiguren herangezogen werden.

So ist ein weiterer wichtiger Aspekt die **Haltung, die eine Erzählerfigur zum Erzählten einnimmt** (narrative stance). Auch hier wäre eine Berücksichtigung aller Möglichkeiten eher verwirrend als hilfreich. Denn im Dreieck zwischen Gleichgültigkeit, Ablehnung und Anteilnahme kommen nahezu alle Zwischenstufen vor. Daher sollen hier nur einige grundsätzliche Haltungen angesprochen werden.

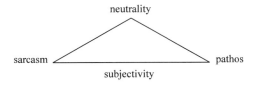

Am häufigsten wird man der neutralen Haltung (neutral/objective attitude) des Erzählers begegnen. Hierbei steht die Handlung absolut im Vordergrund und wird dargestellt, als wäre sie wirklich so geschehen. Der Erzähler bleibt für den Leser meist verborgen, und die Aufmerksamkeit des Lesers gehört ganz dem dargestellten Geschehen.

Tritt die Erzählerfigur für den Leser sichtbar in Erscheinung, wird die Erzählhaltung subjektiv. Dies gilt klar erkennbar für einen Erzähler, der als Figur am Geschehen beteiligt ist (involved narrator). In diesem Falle soll der Leser meist

Literarische Texte

eingeladen werden, sich mit der erzählenden Figur zu identifizieren und deren Ansicht zum Geschehen zu übernehmen.

Tritt ein allwissender Erzähler sichtbar in den Vordergrund oder sogar explizit in Kontakt zum Leser, so will der Autor mit dieser Wahl häufig eine bestimmte wertende Haltung zum Erzählten vermitteln. So beginnt z. B. Henry Fiedling in seinem Roman "Tom Jones" jeden Abschnitt mit einem eigenen Kapitel, in welchem der Erzähler den Leser direkt anspricht und seinen Kommentar zur Handlung abgibt.

Die in der Literatur am häufigsten vorkommende Haltung des allwissenden Erzählers zu den Figuren und Handlungen des von ihm vermittelten Geschehens ist die der ironischen Distanziertheit (ironic detachment). In solch einem Fall ist es ratsam, bei der Textanalyse besonders sorgfältig vorzugehen, da die Gefahr besteht, daß man falsche Schlußfolgerungen nicht nur hinsichtlich der Erzählerhaltung, sondern auch in Bezug auf die Handlung sowie auf die Personen und ihr Denken und Empfinden zieht.

Wenn das Erzählte nicht nur ironisch dargestellt, sondern kritisch bloßgestellt werden soll, wird die Ironie beißend, und man könnte diese Erzählhaltung als sarkastisch (sarcastic) bezeichnen. Diese Erzählhaltung ist vor allem in satirischen Werken, z. B. von J. Swift, zu finden.

Eine positive Einstellung der Erzählerfigur zum Erzählten kann von Einfühlsamkeit (empathy) bis hin zu einer pathetischen Haltung (pathos) reichen.

Man hat eine Erzählerfigur grundsätzlich identifiziert, wenn man ihren Standort, ihre Perspektive und ihre Haltung zum Erzählten erfaßt hat. Darüberhinaus werden bei der Bearbeitung von Textaufgaben häufig jedoch noch weitere Merkmale zum Erzähler erwartet, die sich allerdings aus der Festlegung nach den oben beschriebenen Kriterien ergeben.

Zum einen wird die Erzählerfigur häufig nach der grammatischen Person unterschieden in **Ich-Erzähler** (first-person narrator) und in **Er-Erzähler** (third-person narrator). Zum anderen unterscheidet man bisweilen auch zwischen einem **verborgenen Erzähler** (disguised/hidden narrator) und einem **identifizierbaren Erzähler** (identified narrator). Um diese beiden Merkmale festzustellen, bedarf es jedoch keiner besonderen Textuntersuchung.

Literarische Texte

Übung 8

Text A

"... Fanny left the room with a very sorrowful heart: she could not feel the difference to be so small, she could not think of living with her aunt with anything like satisfaction. As soon as she met with Edmund, she told him her distress.

5 'Cousin,' she said, 'something is going to happen which I do not like at all; and though you have often persuaded me into being reconciled to things that I disliked at first, you will not be able to do it now. ..."

(Jane Austen: "Mansfield Park")

Text B

"I am Born.

Whether I shall turn out to be the hero of my own life, or whether that station will be held by anybody else, these pages must show. To begin my life with the beginning of my life, I must record that I was born (as I have been

5 informed and believe) on a Friday, at twelve o'clock at night. I was remarked that the clock began to strike, and I began to cry, simultaneously. ..."

(Charles Dickens: "David Copperfield")

Text C

"... she was frequently heard to cry out, 'Ay, there is some life in this fellow.' She plainly saw the effects which the town air hath on the soberest constituions. She would now walk out with him into Hyde Park in a morning, and when tired, which happened almost every minute, would lean on his arm,

5 and converse with him in great familarity. Whenever she stept out of her coach, she would take him by the hand, and sometimes, for fear of stumbling, press it very hard; ..."

(Henry Fielding: "Joseph Andrews")

1. In which of the texts above does the narrator not belong to the world he/she relates? How do you know?
2. In Text B the narrator's perspective is limited. How does this become clear in the text?
3. Try to find out the narrative stance of Text C.

91

Literarische Texte

Figur

Damit aus der sprachlichen Darstellung einer erfundenen Welt eine epische Wirklichkeit wird, muß das Erzählte auf ein Subjekt bezogen sein. Also erst wenn in die erzählte Welt eine Figur eintritt, die von dem Leser als solche wahrgenommen wird, wird für den Leser die dargestellte Welt zu einer fiktiven Wirklichkeit. Solche Figuren in einem Erzähltext bezeichnet man als **Charaktere** (characters).

Die Charaktere eines Erzähltextes sind jeweils die Summe ihrer vom Erzähler dargestellten Merkmale (characteristics). Ihre Identität definiert sich somit vollständig innerhalb des Textes und durch den Text.

Bei einer derartigen Darstellung eines Charakters durch den Text unterscheidet man in der Regel zwischen der direkten und der indirekten Charakterisierung (direct/indirect characterization). Bei der **direkten Charakterisierung** werden die Merkmale eines Charakters – äußere Erscheinung (outward appearance) wie gefühlsmäßige oder intellektuelle Aspekte der Persönlichkeit (emotional or intellectual aspects of personality) – vom Erzähler oder einer der Figuren im Text unmittelbar benannt.

> "... Pepe had sharp Indian cheekbones and an eagle nose, but his mouth was as sweet and shapely as a girl's mouth, and his chin was fragile and chiselled ..." *(J. Steinbeck: "Flight")*

Von **indirekter Charakterisierung** spricht man, wenn die Merkmale eines Charakters nur mittelbar im Denken, Sprechen und Verhalten der betreffenden Figur zum Ausdruck kommen und vom Leser erst erschlossen werden müssen.

> "... He picked up the plate of fish and with exaggerated deliberation, threw it to the floor. 'There,' he roared. 'There's what you can do with your bleeding tea.'
> 'You're a lunatic,' she screamed. 'You're mental.'
> He hit her one, twice, three times across the head, and knocked her to the ground. ..." *(A. Sillitoe: "The Match")*

Jähzorn und Brutalität der männlichen Figur werden hier nicht direkt benannt, sondern müssen vom Leser aus dem dargestellten Verhalten erst erschlossen werden.

In den meisten Texten kommen beide Techniken der Charakterzeichnung nebeneinander vor. Die Ausführlichkeit einer Charakterisierung, z. B. Differenziertheit und Komplexität, hängt von der Funktion und der Wertigkeit des jeweiligen Charakters in der Erzählung ab. So wird der Held (protagonist) oder eine

Hauptfigur (major character) detaillierter gezeichnet sein als eine Nebenfigur (minor character).

Darüber hinaus hängt die Charakterisierung auch von der Figurenkonzeption ab. Man unterscheidet zumeist zwei Grundformen:

1. **Flache Charaktere** (flat characters) sind Figuren, die einen bestimmten allgemein menschlichen Charakterzug verkörpern, wie z. B. Habgier, Geiz, Verschwendungssucht, etc. Solche Figuren sind in der Regel statisch, d. h. sie bleiben unverändert, entwickeln sich also **nicht** im Verlauf der Erzählung.

2. **Runde Charaktere** (round characters) sind Figuren, die als Individuen gestaltet werden und meist zu einer dynamischen Entwicklung fähig sind, d. h. sie können sich im Verlauf der Erzählung verändern.

Handlungskonzept

Eine spannende Handlung ist das, was die Leser zuerst und vor allem von einem erzählenden Text erwarten. Sie ist es, die das Interesse des Lesers weckt und aufrechterhält. Für eine spannende Handlung ist es nötig, daß mit mindestens einem Subjekt etwas geschieht.

Alle Geschehnisse in einem Erzähltext, also Ereignisse sowie das Handeln und Erleiden einzelner Figuren, sind durch den Autor planvoll miteinander verknüpft. Dieses Grundgefüge von Geschehen oder von Zustandsveränderungen eines Erzähltextes bezeichnet man als das ihm zugrundeliegende **Handlungskonzept** (plot).

Auch wenn es auf den ersten Blick eine Vielfalt von möglichen Variationen gibt, einzelne Geschehnisse miteinander zu verknüpfen, so wird man bei genauerem Betrachten feststellen, daß sich hinter der Vielzahl von Variationen einige ständig wiederkehrende Grundmuster unterscheiden lassen.

Das einfachste und am häufigsten verwendete Grundmuster ist die linear-fortschreitende Geschehensanordnung. Hier bewegt sich eine Hauptfigur handelnd oder erleidend in der fortschreitenden Zeit voran. Der Text erzählt also die Abfolge von Geschehen (chain of events) in chronologischer Reihenfolge. Nahezu alle Abenteuererzählungen sind nach diesem Muster geknüpft.

Dieses einfache Muster läßt sich noch komplexer gestalten, indem man einen weiteren linear fortschreitenden Handlungsstrang (strand of action) parallel zum ersten laufen läßt, ihn in den ersten einbettet, oder ihn mit dem ersten Handlungsstrang im Verlauf der Handlung (course of action) zusammenführt.

Literarische Texte

Ein weiteres Grundmuster ergibt sich, wenn der Autor die Blickrichtung ändert, also nicht fortschreitend erzählt, sondern zurückblickt. Dies erfolgt häufig eingebaut in einer linear fortschreitenden ersten Handlungsstrang. In die chronologisch aufgebaute Handlung werden Rückblenden (flashbacks) eingefügt. Gleichermaßen läßt sich der chronologische Handlungsablauf auch durch Vorgreifen (foreshadowing) auf die Erzählzukunft unterbrechen.

In Anlehnung an die klassische Dramenkonzeption gibt es auch bei Erzählungen das Grundkonzept der aufsteigenden (climactic) Handlungsentwicklung: Exposition (exposition) – Konflikt und steigende Handlung (conflict, rising action) – Krise (crisis) – Lösung (resolution). Ein solches Organisationsschema findet sich vor allem da, wo es dem Autor um die Entwicklung der Hauptfigur geht.

In gewissem Kontrast zu dem Entwicklungsschema bei einem aufsteigenden Handlungsverlauf, gibt es ein Grundmuster, bei dem der Held mit hohen Erwartungen den Schauplatz betritt und im Laufe der Erzählung unaufhaltsam demontiert und desillusioniert wird. Hier wird Handlung ganz zu Geschehen: der Held handelt nicht, sondern es geschieht etwas mit ihm, gegen das er sich nicht zu wehren vermag.

In anspruchsvolleren modernen Erzähltexten wird man die bisher vorgestellten Grundformen der Handlungskonzeption kaum noch vorfinden, da sich das Interesse moderner Autoren weg von der Darstellung von Entwicklung und hin zur Vergegenwärtigung von Wirklichkeitsausschnitten verschoben hat.

So ist ein weiteres Grundschema entstanden, bei dem ein kurzer Wirklichkeitsausschnitt (slice of life) in seiner ganzen Differenziertheit und Vielschichtigkeit eingefangen und dargestellt wird. Dies geschieht häufig, indem die einzelnen Aspekte ein- und desselben Ausschnitts mit Hilfe von Montagetechnik, Perspektivenwechsel etc. nacheinander vergegenwärtigt werden und zusammen den Wirklichkeitsausschnitt in seiner Komplexität zum Ausdruck bringen.

Ausgehend von solchen Grundmustern wird dann das Geschehen in einem Erzähltext jeweils individuell kausal verknüpft und räumlich-zeitlich entfaltet. Diese individuelle Anordnung der einzelnen Geschehnisse bezeichnet man als Aufbau (structure) des jeweiligen Textes. Ziel bei der Analyse des Aufbaus eines Erzähltextes sollte es daher immer sein, hinter der konkreten Verknüpfung der einzelnen Geschehnisse das dem Text zugrundeliegende Handlungskonzept (plot) aufzuspüren.

Handlungsraum

Um die Figuren zu beleben, bedarf es eines Raumes, in dem sie sowohl körperlich als auch geistig und seelisch agieren oder erfahren können. Dabei geht es nicht nur um einen Schauplatz (scenery), sondern vor allem auch um einen zeitlichen, sozialen und geistigen Hintergrund der Figuren und ihres Erlebens. Die Darstellungsformen dieses Handlungsraums (setting) sind vielfältig und hängen entscheidend von den Funktionen ab, die der Handlungsraum in dem jeweiligen Erzähltext erfüllt.

So geschieht die Zeichnung des sozialen Umfelds (social environment) einer Figur im wesentlichen durch die Darstellung des Handlungsraums. Hierbei lassen sich grundsätzlich zwei Funktionen unterscheiden. Zum einen kann das soziale Umfeld zur Charakterisierung der betreffenden Figur beitragen, indem sie dem Lebensstil der Figur Ausdruck verleiht. Denn der Status einer Figur kommt nicht nur im äußeren Erscheinungsbild der Figur, z. B. Haare, Kleidung u. a. zum Ausdruck, sondern auch in der Wahl und Gestaltung ihres Wohn- und Lebensraums bis hin zu den gewählten Kreisen ihres gesellschaftlichen Umgangs. Diese Darstellung von Handlungsraum als Widerspiegelung des gesellschaftlich geprägten Charakters einer Figur könnte man mit dem Wort "Ambiente" (ambience) bezeichnen.

Das soziale Umfeld kann zum anderen jedoch auch die Rolle einer aktiven Macht in der fiktiven Welt einnehmen und das Denken und Handeln der Figuren bestimmen, wie z. B. in dem Roman "Sons and Lovers" von D. H. Lawrence. In einem solchen Fall spricht man von Handlungsraum in der Funktion als **kausaldeterminierendes Milieu** (social background).

Viele Autoren benutzen den Handlungsraum auch, um für die dargestellte Handlung eine geeignete Atmosphäre zu schaffen, die die bildhafte Vorstellung vom Geschehen intensiviert und so beim Leser die Spannung erhöht. Dies läßt sich gut erkennen bei Schauerromanen (Gothic novels), wo in ausgeprägtem Maße atmosphärische Landschaftsbeschreibungen eingesetzt werden, um im Leser die für das Geschehen geeignete Stimmung aufzubauen.

Seine größte Bedeutung als fiktives Element erfährt der Handlungsraum dort, wo er in seiner symbolischen Funktion eingesetzt wird. Dies geschieht sehr deutlich in Werken von Charles Dickens und Thomas Hardy. Dort ist der Handlungsraum der eigentliche Träger der Thematik des jeweiligen Erzählwerks. Zwar läuft im Vordergrund die Handlung in individualisierter Form ab. Es ist jedoch der Hintergrund der Handlung, in dem die thematischen Probleme – in symbolische

Literarische Texte

Bildbegriffe übersetzt, entfaltet werden. So ist eine thematische Erörterung z. B. des Romans "Tess of the D'Urbervilles" von Thomas Hardy nicht möglich, ohne die Entschlüsselung der Bildschicht des dargestellten Handlungsraums.

Übung 9

The Bride Comes to Yellow Sky

The great Pullman was whirling onwards with such dignity of motion that a glance from the window seemed simply to prove that the 5 plains of Texas were pouring eastward. [...]

A newly married pair had borded this coach at San Antonio. The man's face was reddened from 10 many days in the wind and sun, and a direct result of his new black clothes was that his brick-coloured hands were constantly performing in a most conscious fashion. From 15 time to time he looked down respectfully at his attire. He sat with a hand on each knee, like a man waiting in a barber's shop. The glances he devoted to other passen- 20 gers were furtive and shy.

The bride was not pretty, nor was she very young. She wore a dress of blue cashmere, with small reservations of velvet here and there, and 25 with steel buttons abounding. She continually twisted her head to regard her puff sleeves, very stiff, straight, and high. They embarrassed her. It was quite apparent 30 that she had cooked, and that she expected to cook, dutifully. the

blushes caused by careless scrutiny of some passengers as she had entered the car were strange to see 35 upon this plain, under-class countenance, which was drawn in placid, almost emotionless lines.

The were evidently very happy. "Ever been in a parlour-car before?" 40 he asked, smiling with delight.

"No," she answered; "I never was. It's fine, ain't it?"

"Great! And then after a while we'll go forward to the diner, and get a 45 big lay-out. Finest meal in the world. Charge a dollar."

"Oh, do they?" cried the bride, "Charge a dollar? Why, that's too much – for us – ain't it, Jack?"

50 "Not this trip, anyhow," he answered bravely. "We're going to go the whole thing."

Later he explained to her about the trains. "You see, it's a thousand 55 miles from one end of Texas to the other; and this train runs across it, and never stops but four times." He had the pride of an owner. He pointed out to her the dazzling fit- 60 tings of the coach; and in truth her eyes opened wider as she contemplated the sea-green figured velvet,

96

the shining brass, silver, and glass, the wood that gleamed as darkly
65 brilliant as the surface of a pool of oil. At one end a bronze figure sturdily held a support for a separated chamber, and at convenient places on the ceiling were frescos in
70 olive and silver.

To the minds of the pair, their surroundings, reflected the glory of their marriage that morning in San Antonio; this was the environment
75 of their new estate; and the man's face in particular beamed with an elation that made him appear ridiculous to the negro porter. [...]

(Stephen Crane, 1898)

1. How does the author introduce and characterize the "bride"? Distinguish between direct and indirect characterization.
2. Sum up in a nutshell what the reader learns about the "man" in this passage.
3. Where does the action of this passage take place and what is the atmosphere like?
4. As the *expositon* of a short narrative this passage not only establishes the setting and introduces main characters, but also points to the theme of the story. What, according to this passage and your findings so far, could be a possible theme of this narrative?

Sprache

Die Untersuchung der Sprachverwendung in einem Erzähltext erfolgt zunächst nach den Kriterien, die für die Textanalyse allgemein gelten. Es wird also versucht, die Eigentümlichkeiten des Textes in den Bereichen Wortwahl, Grammatik, Syntax und Stil zu erfassen. Ebenso gelten die weiteren Untersuchungsfelder, wie Ton, Rhythmus und Übertragenes Sprechen (figurative language).

Darüberhinaus gibt es jedoch sprachliche Gestaltungsmittel, die speziell in erzählter Prosa (narrative prose) Anwendung finden. Es handelt sich hierbei vor allem um die "erlebte Rede", den "inneren Monolog" sowie den "Bewußtseinsstrom".

Erzähltexte, die ihre Figuren im gesellschaftlichen Umfeld darstellen, den Leser aber dennoch in deren Inneres hineinschauen lassen wollen, bedienen sich häufig der **erlebten Rede** (free indirect speech), einer Form der indirekten Rede, die aus ihrer grammatischen Bindung herausgelöst ist, z. B.:

> "Patrick was too busy living life to give over to consideration to death. He wouldn't care if he was buried in the corner of a field."
> statt: "... He often said that he wouldn't care ..."

Literarische Texte

Die unterstrichene Aussage ist also nicht die Meinung des Erzählers, sondern das Denken der betroffenen Figur.

Die Kennzeichen der "erlebten Rede" sind die 3. Person (3rd person), das Präteritum (past tense) sowie der Wegfall der Redeeinführung (omission of the reported verb).

Wenn die stille Äußerung, die in der erlebten Rede noch die 3. Person der indirekten Rede beibehält, sich so verselbständigt, daß der Leser sie gleichsam als direkte, wenn auch stumme Äußerung einer Person empfindet, bezeichnet man sie als **inneren Monolog** (interior monologue); z. B.:

> "He looked at the cattle, blurred in silver heat. <u>Silvered powdered</u> <u>olivetrees. Quiet long days: pruning, ripening. Olives are packed in</u> <u>jars, eh? I have a few left from Andrews</u>. ...   *(J. Joyce: "Ulysses")*

Der "innere Monolog" dient vor allem der Darstellung von Bewußtseinsregungen – also Gedanken, Assoziationen oder Ahnungen. Die wichtigsten Merkmale dieser Redeform sind die 1. Person (1st person) sowie das Präsens (present tense).

In modernen Romanen wird die Technik des "inneren Monologs" häufig über ganze Passagen angewendet, um einen Ausschnitt aus dem andauernden, wahllosen Aktionsprozeß des Bewußtseins (continous, random activity of the mind) einer Figur zu vergegenwärtigen, wobei die Regeln der Syntax aufgeweicht werden oder sich ganz auflösen. Dieses sprachliche Mittel nennt man die **Darstellung des Bewußtseinsstroms** (stream-of-consciousness-technique).

Ein berühmtes Beispiel hierfür findet sich im Schlußkapitel von Joyces "Ulysses", in dem bruchstückhafte Erinnerungen, Empfindungen, Wünsche etc., die das Bewußtsein der Molly Bloom durchfluten, über Seiten hinweg ohne Zeichensetzung (punctuation) dargestellt werden. Zur Veranschaulichung hier ein kurzer Ausschnitt:

> "... I hate those rich shops get on your nerves nothing kills me altogether only he thinks he knows a great lot about womans dress and cooking mathering everything he can scour off the shelves into it if I went by his advices every blessed hat I put on does that suit me yes take thats alright the one like a wedding cake standing up miles off my head he said suited me or the dishcover one coming down on my backside on pins and needles about the shop girl in that place in Grafton street ..."

Literarische Texte

5.2.3 Unterschiedliche Arten von Erzähltexten

Bei der englischen Textaufgabe zu einem Erzähltext wird häufig vom Schüler verlangt, den Text einer bestimmten literarischen Erzählform zuzuordnen. Diese Aufgabenstellung bietet sich vor allem bei Formen der Kurzprosa an, da ein kurzer Romanausschnitt (passage from a novel) nur selten die eindeutige Zuordnung des jeweiligen Romans zu einem bestimmten Typ ermöglicht.
Die nachfolgende Übersicht über die wesentlichen Merkmale der gebräuchlichsten Formen der Kurzprosa ist in Englisch abgefaßt. Dies soll es dem Schüler erleichtern, seine Entscheidung über die jeweilige Form des Textes in Englisch zu begründen und zu belegen.

Short Story	Fable	Parable
• It is designed to produce a single dominant effect.	• It is designed to teach a moral truth.	• It is designed to convey some religious principle, moral lesson or general truth.
• It concentrates on a single character (or group of characters), revealed not developed.	• The principal characters are usually animals (beast fable).	• The characters are usually human beings.
• The character is presented in a single situation at a single moment.	• The incident is self-sufficient without the moral.	• The incident has little point without the moral.
• Dramatic conflict (the collision of opposing forces) is at the centre of every short story.	• The most simple story, with animals that speak and act like human beings, teaches a moral truth by exemplifying a moral thesis or a principle of human behaviour.	• A parable always teaches by stressing the tacit but detailed analogy between its component parts and actual events (the situation that called forth the parable for illustration).

Literarische Texte

Kontrollieren Sie sich selbst

1. Von welcher Instanz ist die beim Leser hervorgerufene "vorgestellte Wirklichkeit" eines Erzähltextes vor allem abhängig?
2. Wodurch bestimmt diese Instanz (siehe Frage 1) den Erzählvorgang grundsätzlich?
3. Welche zwei Techniken der Figurenzeichnung unterscheidet man im allgemeinen?
4. Wie sieht das Grundmuster eines Handlungskonzepts aus, das sich an die klassische Dramentheorie anlehnt?
5. Welche Funktionen kann der Handlungsraum im allgemeinen erfüllen?
6. Was versteht man unter dem sogenannten "inneren Monolog"?

5.2.4 Plan zur Erschließung erzählender Texte

Um einen erzählenden Text vollständig zu erschließen, bedarf es einer systematischen Vorgehensweise. Daher werden nachfolgend die einzelnen Untersuchungsschritte, ergänzt durch Leitfragen in einer Übersicht vorgestellt. Auch wenn bei einer Textaufgabe wohl kaum die vollständige Analyse eines Erzähltextes verlangt wird, so können die einzelnen Arbeitsaufträge doch die unterschiedlichsten Aspekte des Textes betreffen. Deshalb ist es zu empfehlen, im Rahmen der häuslichen Vorbereitung Erzähltexte zu Übungszwecken auch einmal vollständig zu erschließen. Dies führt nicht nur zu einem besseren Verständnis der einzelnen Komponente eines Erzähltextes, sondern fördert auch die Einsicht in ihr Zusammenwirken. Bei der Bearbeitung einer Textaufgabe wird das Vorgehen dann von dem jeweiligen Aufgabenapparat bestimmt.

1. Grobe Erfassung der allgemeinen Textaussage (general meaning)
   Hier geht es darum, durch sorgfältige Lektüre über das rein sprachliche Verständnis hinaus die vordergründigen Aussagen (über Handlung, Figuren etc.) der Erzählung zu erfassen. Dabei könnte man sich z. B. von folgenden Fragen leiten lassen:
   a) Ist ein Erzähler erkennbar, und wenn ja, welche Informationen gibt der Text über ihn?
   b) Was geschieht, warum und welche Figuren sind beteiligt?
   c) Wo und wann spielt die Geschichte?
   d) Welche Absicht verfolgt der Autor mit seiner Erzählung?

Literarische Texte

2. Erschließung der einzelnen Grundelemente (analysis of the basic elements)
   a) Erzähler (narrator)
      Hier gilt es nun, eine detaillierte Untersuchung der Erzählfigur, der Erzählsituation und des Standpunktes vorzunehmen:
      – Wer ist/sind der/die Erzähler und welche direkten und indirekten Informationen über ihn/sie werden gegeben?
      – In welchem Verhältnis (relation) steht der Erzähler zum Geschehen?
      – Wie groß ist sein Wissen über das Geschehen?
      – Welchen Einblick hat der Erzähler in die innere Welt der Figuren?
      – Welche Erzählweise (mode) liegt vor?
      – Welche Haltung nimmt der Erzähler gegenüber dem Erzählten ein?
      – etc.
   b) Aufbau (structure)
      Die Untersuchung des Aufbaus schließt die inhaltliche Erfassung der Geschichte mit ein.
      – Wie ist der Text äußerlich und innerlich gegliedert?
      – Welche Ereignisse werden in welcher Anordnung erzählt?
      – Welchen Zeitraum (time-span) umfaßt die Erzählung und wie ist das Verhältnis von Handlungszeit und Erzählzeit?
      – Welcher Konflikt liegt der Geschichte zugrunde?
      – Wie geschieht die Entwicklung der Handlung?
      – etc.
   c) Figuren (characters)
      – Was erfahren wir über die äußere Erscheinung (outward appearance) und das Verhalten (behaviour) der jeweiligen Figur?
      – Welchen Einblick in das Innere der Figur erhält der Leser?
      – Welches Figurenkonzept liegt zugrunde (round/flat characters)?
      – Welche Rolle und Wertigkeit hat die jeweilige Figur als Handlungsträger (protagonist, antagonist, minor character etc.)
   d) Handlungsraum (setting)
      – Wann, wo und in welchem sozialen Milieu spielt die Geschichte?
      – Welchen Einfluß hat die Umgebung auf Figuren und Handlung?
      – Hat der Handlungsraum oder die Atmosphäre in einer bestimmten Situation symbolischen Charakter?
   e) Sprache (language)
      Da alle Elemente erst durch die sprachliche Gestaltung des Textes realisiert werden, beinhaltet jeder vorausgegangene Untersuchungsschritt

Literarische Texte

bereits automatisch auch eine Analyse der Sprache. Dennoch ist ein genaueres Eingehen auf die Sprachverwendung im Besonderen angebracht:

- Lassen sich Besonderheiten hinsichtlich der Sprachebene (level of speech), Ausdrucksweise (manner of speaking), Stil (style), Satzbau (syntax) und Wortwahl (choice of words) erkennen, und wenn ja, welche Funktion und Bedeutung haben die gefundenen Besonderheiten hinsichtlich des Erzählvorganges, des Erzählers oder der Gesamtaussage?
- Werden besondere sprachliche Mittel (z. B. interior monologue) angewendet, wenn ja, mit welcher Absicht?

Hinweis: Selbstverständlich sind alle Ergebnisse der Analyse bei der schriftlichen Beantwortung von Fragen zum Text zu begründen und mit Textstellen zu belegen.

Hilfreiche Wendungen

- This text is concerned with the theme of ...
- The story is basically a psychological study of ...
- As the narrator is a major character in the story, his/her perspective is ...
- The story is told by an omniscient narrator, as the reader is given insight into ...
- According to the external action/places of events/... the story can be subdivided into ... main sections.
- The protagonist is presented as an individual, complex in temperament and motivation, as can be seen ...
- The reader's interest in the story is kept alive by ...
- In this passage the language is predominantly figurative/formal/functional ...
- The open ending/surprise ending/... is intended to set the reader thinking about ...

Literarische Texte

5.2.5 Musteraufgabe

Encounters

Along the Cantonment road a brief
shower was welcome soon after the
office hours. That gave such an excellent excuse to rush into the lone
5 cafe at the middle of the long road!
I had my favourite seat at the window that overlooked the meadow.
The cluster of *Krishnachura* trees
teeming with flowers glowed blood-
10 red in the rain and the small pool,
although growing ever smaller en-
croached upon by the slum around
it, had still enough frogs left in it to
break into a chorus of croaks long
15 forgotten in the other parts of the
town.
There I met, every other time, the
lean and lank gentleman with whom
the erratic wind seemed to be very
20 fond of playing pranks: it would
turn the inside of his open umbrella
out, but, undaunted, he would oblige
the wind itself to set it right by holding the capsized thing like a rifle
25 against the wind's course.
With a triumphant smile he would
then enter the cabin and hang the
umbrella carefully from the win-
dows, its bottom projected at the
30 pool below, and sit down facing me
and make a comment, generally
wise, on the weather or the way of
the world. I took him seriously,
because he resembled one of my
35 primary teachers.

Some of the customers were used
to occupying a few scattered stools
on the veranda despite the chilling
gusts. They were the ones in a
40 hurry, expecting the dark and pock-
marked man in bright livery who
leaned against the wall and seemed
to relish every drop of his tea. If he
did not come in, it was because the
45 imported car he had parked before
the cafe was too precious to be left
out of his sight.
"Do you mark that man?" the
umbrella-owner asked me one day.
50 His low tone was suggestive of
mystery. "He is on his way to fetch
his master, a 'somebody' in business,
from that imposing office yonder."
"Yes?" I looked forward to some
55 more significant disclosure about
the man.
"He was my class-mate. That was
long ago, perhaps before you were
born."
60 "I see".
"I recognise him all right. But I
don't talk to him, lest he should feel
embarrassed. I am a teacher and all
he has become is a chauffeur. Al-
65 though I have no complex about
it – for me all work is work – but
he might have," explained the
teacher. I felt impressed.
A fortnight later it was a quieter
70 day – a holiday for schools and

103

Literarische Texte

Government offices. The chauffeur was out on his duty as usual, but today he was inside the cabin. Perhaps he feared no mischief to his 75 car on a holiday.
He greeted me with a smile. After we had swapped our impressions about the changing quality of tea in the canteen, he asked me, "That 80 gentleman who falters in with an ancient umbrella – he is a teacher, isn't he?"

"Right. How did you know?"
"Well, Babu, to be frank, I knew 85 him rather well. We were once class-mates. He of course cannot recognise me now, unless I introduce myself. But I don't do it lest he should feel a bit embarrassed. He is 90 a mere teacher – but I should say there is nothing wrong in it – while I sport a luxury limousine, although I've no complex about it ..."

(Manoj Das, "Encounters")

Betrachtung des Textes als Ganzes

Aufgabe 1

What happens in the story?

Die äußere Handlung der vorliegenden Kurzgeschichte ist einfach und übersichtlich. In einem Café in einem Ort in Indien begegnet der Erzähler einem Mann, der ihn auf einen Uniformierten auf der Veranda aufmerksam macht. Er offenbart dann dem Erzähler, dieser Uniformierte sei ein ehemaliger Klassenkamerad. Er wage es jedoch nicht, diesen anzusprechen, aus Angst, ihn in eine peinliche Lage zu bringen, da er selbst Lehrer geworden sei, der Uniformierte jedoch nur ein Chauffeur. Zwei Wochen später offenbart eben jener Chauffeur in demselben Café dem Erzähler, daß er in dem Lehrer seinen ehemaligen Klassenkameraden wiedererkenne, ihn jedoch nicht anzusprechen wage, aus Angst, ihn in Verlegenheit zu bringen, da es dieser nur zum Lehrer gebracht habe, er selbst hingegen eine Luxuslimousine fahre.

Lösung: The external action takes place in a cafe in a town in India. There the narrator has two encounters, first with a teacher and two week later with a chauffeur. Both disclose that they recognize the other as a former class-mate, but don't dare to talk to the other, because he might feel embarrasses due to his inferior social standing.

Aufgabe 2

What is the main theme of the story?

Die Geschichte beschäftigt sich offensichtlich mit dem Bewußtsein über die Zugehörigkeit zu gewissen gesellschaftlichen Klassen sowie über deren Rangordnung. Das Klassenbewußtsein ist es, das sowohl den Lehrer als auch den Chauffeur daran hindert, Kontakt mir ihrem ehemaligen Klassenkameraden aufzunehmen. Der Lehrer fühlt sich einer höheren Bildungsschicht zugehörig als der Chauffeur. Dieser wiederum sieht sich materiell höhergestellt als der Lehrer. Ihr Klassenbewußtsein bestimmt also jeweils ihr Verhalten.

104

Lösung: The story deals with the theme of class consciousness, and shows to what an extent class consciousness may affect man's thinking and behaviour in everyday life.

Analyse einzelner Elemente

Aufgabe 3

Who tells the story and what effect has this on the reader?

Der Erzähler der Geschichte gehört zur fiktiven Welt, denn er ist am äußeren Geschehen unmittelbar beteiligt (siehe Z. 6/7). Seine Perspektive ist daher begrenzt. Er kann also nicht in das Innere der beiden Hauptfiguren hineinsehen und ist auf das angewiesen, was sie ihm selbst offenbaren. Daß der Erzähler selbst nicht im Mittelpunkt des Geschehens steht, wird dadurch deutlich, daß sich sein Ich zwar bei der Gestaltung des Handlungsraums und der Charakterisierung der Figuren durchaus entfaltet, er in der Haupthandlung jedoch nur die Rolle des Zuhörers einnimmt und nicht in die Handlung eingreift oder sie bestimmt. Seine Haltung ist bestimmt von konzentrierter Aufmerksamkeit (Z. 54–56). Er enthält sich im Hauptteil jedoch jeglichen Kommentars und ermöglicht so dem Leser, die beiden Begegnungen unmittelbar und unvoreingenommen mitzuerleben.

Lösung: The narrator is involved in the story he tells (cf. lines 6/7) and thus has got a limited perspective, i. e. he has no insight into the main characters. Although he is involved, he is not a main character himself, he rather acts as a listener restraining himself from any personal comment. His attitude is that of attentive interest (lines 54–56). By this he invites the reader to become a witness him-/herself to the encounters.

Aufgabe 4

How are the characters presented in the text?

Beide Hauptfiguren sind statisch, fungieren also als Vertreter einer gesellschaftlichen Gruppe oder Einstellung und werden daher auch nicht als zur Entwicklung fähige Individuen gezeichnet. Die Charakterisierung erfolgt sowohl in direkter Weise (Z. 18, 40/41) als auch in indirekter Weise (Z. 18–25, 41–47) und zwar einerseits durch den Erzähler, andererseits durch ihre eigenen Äußerungen sowie ihr Verhalten.

Lösung: Both main characters are flat, i. e. they neither develop nor gain insight, but are standing for one human trait, their class consciousness. They both are characterized directly (cf. lines 18, 40/41) as well as indirectly (cf. lines 18–25, 41–47).

Aufgabe 5

Analyse the structure of the story.

Die Geschichte ist klar und übersichtlich aufgebaut und läßt sich in drei wesentliche Sinnabschnitte gliedern. Der erste Abschnitt (Z. 1–47) erfüllt die Funktion der Exposition. Hier wird der Leser mit dem Handlungsraum vertraut gemacht (Z. 1–16), und die beiden Hauptfiguren, der Lehrer (Z. 17–35) sowie der Chauffeur (Z. 36–47), werden vorgestellt. Die beiden folgenden Abschnitte enthalten

105

Literarische Texte

dann jeweils die Begegnungen des Erzählers mit den Hauptfiguren, wobei die Begegnung mit dem Lehrer (Z. 48–68) zuerst erfolgt. Dies ist wichtig, da die Ausführungen des Lehrers für den Leser noch nachvollziehbar sind. Denn die gesellschaftliche höhere Einschätzung des Lehrerberufs entspricht durchaus der Tradition, und das nicht nur in östlichen Kulturen. Dem folgt dann die Begegnung mit dem Chauffeur (Z. 69–93) als Antithese, die den Leser verblüfft, da sie die traditionelle Wertevorstellung umkehrt. Mit dieser Umkehrung endet die Erzählung, und es bleibt dem Leser überlassen, eine Synthese zu erstellen und zu einer Lösung des Konflikts zu gelangen.

Lösung: The story consists of three main component parts: the exposition (lines 1–47), the encounter with the teacher (lines 48–68) and finally the encounter with the chauffeur (lines 69–93). In the exposition the setting is described (lines 1–16) and the two main characters, the teacher (lines 17–35) and the chauffeur (lines 36–47) are introduced. The next passage presents the encounter with the teacher, where he states the reasons that makes him restrain from talking to his former class-mate. Due to his/her traditional notion of a class society, the reader will understand the teacher's argumentation. But he/she will be amazed when in the last part of the story this argumentation is reversed. The story has an open ending and leaves it to the reader to come to a conclusion.

Aufgabe 6

Where does the story take place? Comment on the function of the setting here.

Untrügliche Hinweise im Text (Z. 8, 15/16, 45–47, 84) deuten auf eine Stadt in Indien als Handlungsort hin. Das hat eine besondere Bedeutung hinsichtlich des in der Geschichte behandelten Themas. Denn das hinduistische Kastensystem ist wohl eine der striktesten Verwirklichungen einer Klassengesellschaft. Auch wenn dieses religiöse Kastensystem im Indien der Gegenwart geächtet wird, so lebt das System im Bewußtsein der Menschen fort, unter anderem indem es sich von religiösen Kasten auf berufsbestimmte Klassen verschoben hat. Vor diesem Hintergrund erhält die Geschichte nicht nur Authentizität, sondern auch Aktualität.

Lösung: Unmistakable clues in the text (lines 8, 15/16, 45–47, 84) indicate that the story takes place in a town in India. This is important as India is known for her strict Hindu class system. Although today the caste system in its traditional sense has been outlawed, it continues to manifest itself in form of subcastes, which refer rather to an Indian's occupation than his religious beliefs. With this setting the story not only gains authenticity but also topicality.

Literarische Texte

5.2.6 Übung 10

The Linesman

Three men arrived yesterday with their van and equipment to repair the telephone lines leading to the house opposite. Two of the men
5 stayed at work in the house. The third carried his ladder and set it up against the telegraph pole twenty-five yards from the house. He climbed the ladder and beyond it to
10 the top of the pole where, with his feet resting on the iron rungs which are embedded at intervals in the sides of the pole, he began his work, his hands being made free
15 after he had adjusted his safety harness. He was not likely to fall. I did not see him climb the pole. I looked from my window and saw him already working, twisting,
20 arranging wires, screwing, unscrewing, leaning back from the pole, dependent upon his safety belt, trusting in it, seeming in a position of comfort and security.
25 I stared at him. I was reluctant to leave the window because I was so intent upon watching the linesman at work, and because I wanted to see him descend from the pole
30 when his work was finished.
People in the houses near the telegraph pole had drawn their curtains;

they did not wish to be spied upon. He was in an excellent position for
35 spying, with a clear view into the front rooms of half a dozen houses. The clouds, curds and whey, were churned from south to north across the sky. It was one of the first Sun-
40 days of spring. Washing was blowing on the clotheslines in back gardens; youths were lying in attitudes of surrender beneath the dismantled bellies of scooters; women were
45 sweeping the Saturday night refuse from their share of the pavement. Perhaps it was time for me to have something to eat – a cup of coffee, a biscuit, anything to occupy the
50 ever marauding despair. But still I could not leave my position at the window. I stared at the linesman until I had to screw up my eyes to avoid the bright stabs of
55 spring light. I watched the work, the snipping, twisting, joining, screwing, unscrewing of bolts. And all the time I was afraid to leave the window. I kept my eyes fixed upon
60 the linesman slung in his safety harness at the top of the telegraph pole.
You see, I was hoping that he might fall.

(Janet Frame, "The Linesman")

107

Literarische Texte

1. Sum up the external action of the story.

2. Paraphrase the following quotations from the text. Do not use the words underlined.
   a) "The clouds, curds and whey, were churned ..." (lines 37/38)
   b) "... anything to occupy that ever marauding despair." (lines 49/50)

3. Work out the narrative situation of the text.

4. How is the text constructed?

5. Show how the author has created suspense.

6. Are there any striking features in the use of language in this text? What are their effects?

5.3 Dramatische Texte

Der Begriff "dramatisch" bezeichnet eine Gattung literarischer Texte in Abgrenzung zur "lyrischen" und zur "epischen" Gattung. Die dramatischen Texte (dramatic texts) bedürfen weder eines "lyrischen Ichs" noch einer "Erzählerfigur", um Inhalte auszudrücken oder zu vermitteln. Dramatische Texte sind vielmehr so konzipiert, daß die erfundene Wirklichkeit des Textes auf der Bühne realisiert wird. Dadurch, daß sich die Realisierung der fingierten Wirklichkeit nicht – wie bei erzählenden Texten – im grenzenlosen Raum der Phantasie des einzelnen Lesers vollzieht, sondern öffentlich auf der Bühne simuliert wird, also real vergegenwärtigt werden muß, gelten für diese Darstellungsform gewisse Bedingungen und Grenzen. So muß die Simulation der fingierten Realität dramatischer Texte zum einen physikalisch durchführbar, zum anderen für das öffentliche Publikum erträglich gestaltet sein. Auch wenn heute technisch vieles machbar ist, haben die physikalischen Grenzen der Simulation die Entwicklung der dramatischen Literatur doch entscheidend beeinflußt und zu Forderungen, wie z. B. nach der Einheit von Handlungszeit und behandelter Zeit, geführt. Ebenso hat der Charakter der Öffentlichkeit der Aufführung eines dramatischen Textes Einfluß auf seine Entstehung. Was den Leser in erzählenden Texten fasziniert, kann, auf der Bühne simuliert, für das Publikum unerträglich wirken. Dies galt früher vor allem für Darstellungen aus tabuisierten Bereichen.

Ein dramatischer Text ist also grundsätzlich so konzipiert, daß er auf der Bühne realisiert werden soll. Dieses "Aufführungsmerkmal" ist es, was die dramatischen Texte als Gattung von lyrischen und epischen Texten unterscheidet. Sich dessen beim Umgang mit dramatischen Texten bewußt zu sein, ist besonders für Schüler wichtig, da im Unterricht das *Lesen* die wohl häufigere Rezeptionsform eines dramatischen Textes sein dürfte. Hier präsentiert sich der dramatische Text als "ein auf verschiedene Rollen verteilter fiktionaler Text, ausgestattet mit Hinweisen des Autors zu seiner Aufführung". Den auf die Rollen verteilten Text nennt man "Figurenrede" oder "dramatisches Gespräch" (dialogue). Er stellt den sogenannten "Haupttext" (main text) dar. Den Nebentext (by-text) bilden die Hinweise zur Aufführung, die als "Regieanweisung" (stage directions) bezeichnet werden.

Beim Umgang mit dramatischen Texten gilt vieles, was bereits in den Ausführungen zur Analyse lyrischer und epischer Texte gesagt wurde. Die besondere Eigentümlichkeit der dramatischen Texte muß jedoch stets berücksichtigt werden.

Literarische Texte

5.3.1 Betrachtung des Textes als Ganzes

Beim ersten Lesen eines dramatischen Textes geht es, wie bei anderen Textarten auch, um das grobe Verständnis der Textvorlage: Was geschieht? Wo und wann geschieht es? Wer ist am Geschehen beteiligt?
Meist muß man die Textvorlage auch in einen größeren Zusammenhang einordnen, da in der Praxis neben der Analyse vollständiger Kurzdramen (short plays) vor allem Ausschnitte aus längeren dramatischen Texten untersucht werden sollen.

5.3.2 Analyse der einzelnen Elemente

Aristoteles nennt das Drama die "Nachahmung" (mimesis) einer Handlung. Demnach kommt ein dramatischer Text nicht ohne eine Handlung aus, die nachgeahmt wird, und auch nicht ohne Figuren, die diese Handlung nachahmen. Damit sind zwei grundsätzliche Elemente eines dramatischen Textes bereits bestimmt: die dramatische Handlung und seine Charaktere. Unter Berücksichtigung der jüngeren Entwicklung des Dramas spricht man heute besser von "Geschehen" und "Figuren", denn in vielen modernen Stücken finden sich nur noch in ihrer Persönlichkeit sowie Handlungsfreiheit reduzierte Figuren, die weniger aktiv handeln als vielmehr Geschehen erleiden. Man denke nur an die beiden Hauptfiguren Wladimir und Estragon in Becketts "Warten auf Godot".
Ein weiteres grundsätzliches Element des dramatischen Textes ist der Handlungsraum (setting), denn Geschehen läßt sich nicht ohne Raum und Zeit realisieren. Und selbst wenn die Bühne leer ist und eine explizite zeitliche Zuordnung des Geschehens fehlt, wird das Geschehen vom Zuschauer in seiner Phantasie in einen zeitlich-räumlichen Rahmen gesetzt.
Das Mittel schließlich, mit dem die fingierte Realität – also Geschehen, Figuren und Handlungsraum – gestaltet wird, ist der sprachliche Text, also das dramatische Gespräch (dialogue) und gegebenenfalls die Regieanweisungen (stage directions).

Das dramatische Gespräch

Der Haupttext des Dramas wird in dem dramatischen Gespräch (dialogue) realisiert und ist somit ein Element der fiktiven Welt, denn die Reden der einzelnen Charaktere sind in der fiktiven Welt sich vollziehende Vorgänge und insbesondere ein Teil des Verhaltens der fiktiven Charaktere. Zugleich ist es aber eine Hauptfunktion dieses dramatischen Gesprächs, die fiktive Welt und ihre Charaktere darzustellen. Daraus ergeben sich zwei Richtungen, in die die Rede des dramatischen Gesprächs wirkt: zum einen die Hinwendung an den Gesprächspartner in der fiktiven Welt, zum anderen die Hinwendung an den Rezipienten (z. B. Zuschauer oder Leser). Diese Gegebenheit sollte bei der Analyse stets berücksichtigt werden.

Wir unterscheiden vier Grundfunktionen des dramatischen Gesprächs:

Darstellungsfunktion: (formative function)	Die im Dialog verwendete Rede dient der Darstellung von Taten, Handlungselementen, Figuren, Motiven, etc. oder sie bezeichnet die Welt, in der sie wirkt (work scenery).
Ausdrucksfunktion: (expressive function)	Die Rede vermittelt Erlebnisse, psychische Zustände, Reaktionen, etc. und trägt so indirekt zur Gestaltung (vor allem der Charaktere) bei.
Verständigungsfunktion: (communicative function)	Im Idealfall dient das Gespräch der Verständigung (Austausch von Information und Argumenten). In modernen dramatischen Texten ist jedoch gerade die Abweichung von einer solchen Funktion, die Störung der Kommunikation, ein beliebtes und sinntragendes dramatisches Mittel.
Appellfunktion: (performative function)	Die Rede in dramatischen Gesprächen ist zugleich Handlung und nur dann sinnvoll, wenn sie die Gesamthandlung mitbedingt (also vorantreibt oder verzögert). Der dramatische Dialog bewirkt Handeln, Erleiden oder zumindest eine neue Situation, aus der sich ein neuer dramatischer Dialog entwickelt.

Im Normalfall wird das dramatische Gespräch mehrere dieser Funktionen gleichzeitig erfüllen. Man sollte sich jedoch bei der Erschließung der Aussage eines dramatischen Textes dieser Funktionen bewußt sein. Soweit sich die Regieanweisungen auf Gestik, Mimik etc. der Sprecher beziehen, also im Gespräch realisiert werden, haben sie die gleichen Funktionen.

Literarische Texte

Innerhalb des dramatischen Gesprächs unterscheidet man neben der Grundform, dem Dialog (z. B. Gespräch zweier oder mehrerer Charaktere), auch einzelne Sonderformen, die dann zumeist auch eine besondere Aufgabe innerhalb der Fiktion erfüllen:

Monolog:
(monologue)

Diese Form bezeichnet eine Unterredung mit sich selbst oder mit einem gedachten Partner und erfüllt vielfältige Aufgaben. Der Monolog kann auf die Vorgeschichte zurückgreifen und so expositorische Aufgaben erfüllen. Er kann aber auch das bisher Geschehene zusammenfassen, es erörtern oder Einblick in das Innere handelnder Personen eröffnen und so als Überleitung fungieren. Wenn ein Monolog die Planung zukünftigen Handelns offenbart oder zukünftiges Geschehen andeutet, dient er auch der Steigerung der dramatischen Spannung.

Beiseitesprechen:
(aside)

Hier spricht eine Bühnenfigur "für sich", während andere Figuren neben ihr stehen. Dieses Beiseitesprechen, nur für den Zuschauer gedacht, kommentiert meist das bis dahin oder anschließend geführte Gespräch und signalisiert, daß etwas verheimlicht werden soll. Das erhöht die Spannung und schafft einen Gegensatz zu dem "offen" Gesagten. Oft betrifft es – wie im Monolog – Absichten und Wünsche, die sich auf die zukünftige Handlung beziehen.

Publikumsanrede:
(direct address to
the audience)

In modernen dramatischen Texten kommt es zunehmend häufiger vor, daß ein Schauspieler aus der fiktiven Welt heraustritt und sich an das Publikum wendet. Diese Form der Rede soll die Illusion des "Schauspiels" zerstören und das Spiel als "nur ein Spiel" bewußt machen.

Die dramatische Figur

Die dramatische Figur (character) ist – wie bei erzählenden Texten – eine begrenzte fiktive Existenz, nämlich die Summe aller sie darstellenden Elemente. Ihre Untersuchung im Rahmen einer Textanalyse erfolgt im wesentlichen analog zur Figurenanalyse bei Erzähltexten (siehe S. 92 f.). Daher soll hier, um unnötige Wiederholungen zu vermeiden, nur auf einige dramenspezifische Ergänzungen zur Figur und ihrer Darstellung eingegangen werden.

Im Unterschied zu erzählenden Texten kann der Autor eines dramatischen Textes seine Figur nicht durch den Erzähler beschreiben lassen. Dies wird dann häufig durch detaillierte Angaben zu den einzelnen Figuren im Nebentext, also in den Regieanweisungen ausgeglichen. Hauptsächlich entsteht die dramatische Figur jedoch aus ihrem Verhalten heraus und aus dem dramatischen Gespräch auf der Bühne. Dabei gilt die bei Erzählungen vorgenommene Unterscheidung zwischen direkter – hier häufig aus dem Munde einer anderen am Geschehen beteiligten Figur – und indirekter Charakterisierung auch für dramatische Texte.

Direkte Charakterisierung (explicit characterization): Aussehen, Moral, Charaktereigenschaften usw. einer Figur werden hierbei direkt beschrieben, im Haupttext durch die Figur selbst oder andere Figuren oder auch im Nebentext durch den Autor.

Indirekte Charakterisierung (implicit characterization): Die Figur wird auf der Bühne durch ihr Sprechen und Verhalten dargestellt, und es bleibt dem Zuschauer bzw. Leser überlassen, daraus Rückschlüsse auf Charaktereigenschaften, Fähigkeiten u. a. der Figur zu ziehen. Diese Figurendarstellung wird im Englischen häufig auch als "dramatic characterization" bezeichnet.

Offenbart eine Figur in einem Drama ihr Inneres – Gedanken und Gefühle – explizit auf der Bühne, etwa in einem Monolog (monologue), so spricht man im Englischen von "introspective characterization".

Wie bei der Analyse von Erzähltexten (vergl. S. 93) unterscheidet man auch beim Drama zwischen **flachen Charakteren** und **runden Charakteren**. Die Ausprägung dieser beiden Figurenkonzeptionen ist bei dramatischen Texten in der Regel jedoch viel deutlicher, da dramatische Texte in wesentlich stärkerem Maße von der Konzeption der Figuren als Grundelement bestimmt sind als das bei erzählenden Texten der Fall ist. So sind z. B. runde Charaktere im Drama nicht nur fähig zur Entwicklung, sondern diese Entwicklung wird auch von ihnen erwartet.

Literarische Texte

Übung 11

The Happy Journey to Trenton and Camden

Characters: THE STAGE MANAGER, MA KIRBY, ARTHUR (thirteen), CAROLINE (fifteen), PA (ELMER) KIRBY, BEULAH (twenty-one)

No scenery is required for this play. the idea is that no place is being represented. This may be achieved by a gray curtain back-drop with no side-pieces; a cyclorama; or the empty bare stage.

(As the curtain rises the stage manager is leaning lazily against the proscenium pillar at the left. He is smoking. Arthur is playing marbles down center in pantomime. Caroline is way up left talking to some girls who are invisible to us. Ma kirby is anxiously putting on her hat [real] before an imaginary mirror up right.)

MA: Where's your Pa? Why isn't he here? I declare we'll never get started.

ARTHUR: Ma, where's my hat? I guess I don't go if I can't find my hat. *(Still playing marbles)*

MA: Go out into the hall and see if it isn't there. Where's Caroline gone to
5 now, the plagued child?

ARTHUR: She's out waitin' in the street talkin' to the Jones girls. – I just looked in the hall a thousand times, Ma, and it isn't there. *(He spits for good luck before a difficult shot and mutters.)* Come on, baby.

MA: Go and look again, I say. Look carefully. *(Arthur rises, reluctantly,*
10 *crosses right, turns around, returns swiftly to his game center, flinging himself on the floor with a terrible impact, and starts shooting an aggie.)*

ARTHUR: No, Ma, it's not there.

MA *(serenely):* Well, you don't leave Newark without that hat, make up your mind to that. I don't go on journeys with a hoodlum.

15 ARTHUR: Aw, Ma!

(Ma comes down right to the footlights, pulls up an imaginary window and talks to the audience.)

MA *(calling):* Oh, Mrs. Schwartz!

114

THE STAGE MANAGER *(down left. Consulting his script):* Here I am, Mrs.
20 Kirby. Are you going yet?

MA: I guess we're going in just a minute. How's the baby?

THE STAGE MANAGER: She's all right now. We slapped her on the back and
she spat it up.

MA: Isn't that fine! – Well, now, if you'll be good enough to give that cat a
25 saucer of milk in the morning and the evening, Mrs. Schwartz, I'll be ever so
grateful to you. – Oh, good-afternoon, Mrs. Hobmeyer!

THE STAGE MANAGER: Good afternoon, Mrs. Kirby, I hear you're going
away.

MA *(modest):* Oh, just for three days, Mrs. Hobmeyer, to see my married
30 daughter, Beulah, in Camden. Elmer's got his vacation week from the
laundry early this year, and he's just the best driver in the world.

(Caroline comes down stage right and stands by her mother.)

THE STAGE MANAGER: Is the whole family going?

MA: Yes, all four of us that's here. The change ought to be good for the
35 children. My married daughter was downright sick a while ago –

THE STAGE MANAGER: Tchk – tchk – tchk! Yes. I remember you tellin' us.

MA *(with feeling):* And just want to go down and see the child, I ain't seen
her since then. I just won't rest easy in my mind without I see her. *(To
Caroline)* Can't you say good-afternoon to Mrs. Hobmeyer.

40 THE STAGE MANAGER: Good-afternoon, dear. – Well, I'll wait and beat these
rugs until after you're gone, because I don't want to choke you. I hope you
have a good time and find everything all right.

MA: Thank you, Mrs. Hobmeyer, I hope I will. – Well, I guess that milk for
the cat is all, Mrs. Schwartz, if you're sure you don't mind. If anything should
45 come up, the key to the back door is hanging by the ice-box.

CAROLINE: Ma! Not so loud.

ARTHUR: Everybody can hear yuh.

MA: Stop pullin' my dress, children. (In a loud whisper.) The key to the back
door I'll leave hangin' by the ice box and I'll leave the screen unhooked.

Literarische Texte

50 THE STAGE MANAGER: Now have a good trip, dear, and give my love to Beuhly.

MA: I will, and thank you a thousand times. (She lowers the window, turns up stage, and looks around. Caroline goes left and vigorously rubs her cheeks. Ma occupies herself with the last touches of packing.) What can be 55 keeping your Pa?

(Enter Elmer holding a cap, up right.)

ELMER: Here's Arthur's hat. He musta left it in the car Sunday.

MA: That's a mercy. Now we can start. – Caroline Kirby, what you done to your cheeks?

60 CAROLINE *(defiant-abashed)*: Nothin'.

MA: If you've put anything on 'em, I'll slap you.

CAROLINE: No, Ma of course I haven't. *(Hanging her head.)* I just rubbed 'm to make 'm red. All the girls do that at High Schol when they're goin' places.

MA: Such silliness I never saw. Elmer, what kep' you?

65 ELMER *(always even-voiced and always looking out a little anxiously through his spectacles):* I just went to the garage and had Charlie give a last look at it, Kate.

MA: I'm glad you did. *(Collecting two pieces of imaginary luggage and starting for the door.)* I wouldn't like to have no breakdown miles from 70 anywhere. Now we can start. Arthur, put those marbles away. Anybody'd think you didn't want to go on a journey to look at yuh (...)

(Thornton Wilder: The Long Christmas Dinner and Other Plays, 1931)

1. Sum up the action of this passage in one sentence. Is there anything unusual or sensational happening?
2. Now study the stage directions. In what way is the staging – the way the action is performed on stage – different from a conventional play? What is the function of the "Stage Manager"?
3. What do you think are the effects of this way of staging (cf. 2) on the audience?
4. Ma Kirby is the central character in the opening scene of the play. What do you learn from this excerpt about her character and her position in the family?

116

Das dramatische Geschehen

Der Begriff "Geschehen" wird hier der traditionellen Bezeichnung "Handlung" vorgezogen, um auch den modernen Dramen gerecht zu werden, in denen die Figuren auf der Bühne häufig weniger selbst handeln, sondern vielmehr etwas mit sich geschehen lassen. "Dramatisches Geschehen" bezeichnete also die Realisierung des Handlungskonzepts oder Handlungsgerüsts (plot) eines Dramas in Form seiner Geschichte (story) auf der Bühne. Dabei ist die **Geschichte** (story) eines Dramas die stoffliche Realisierung der Idee eines Geschehens, also das, was man in beliebiger Form nacherzählen kann. Das **Handlungskonzept** (plot) hingegen ist das Gerüst, die Idee des Geschehens, das jedem einzelnen Ereignis seinen Platz nach dem Prinzip von Ursache und Wirkung (cause and effect) zuweist. Aristoteles definiert die Handlung einer Tragödie als die "Nachahmung einer vollständigen, in sich geschlossenen Handlung". Das heißt, daß die Handlung einen Anfang hat, dem nichts vorausgeht, eine Mitte, der etwas vorausgeht und etwas folgt, sowie ein Ende, dem etwas vorausgeht und nichts mehr folgt. Daraus ergibt sich für den Dramatiker die Forderung, daß er alle für das Verständnis des dramatischen Geschehens erforderlichen Informationen über vorausgegangene Ereignisse in der Eröffnung des Geschehens einfließen lassen muß. Ferner soll diese Eröffnungsphase die Situation sowie die Motivation für neues Geschehen bereiten und dieses neue Geschehen in Gang setzen. Diese Eröffnungsphase eines Dramas bezeichnet man allgemein als Exposition (exposition). Ist in der Exposition die Handlung einmal in Gang gesetzt, steigt sie an bis zu einem vom Zuschauer empfundenen Spannungshöhepunkt (climax), um sich dann zur tragischen oder glücklichen Lösung (catastrophe or happy ending) zu wenden.

Grundmuster des klassischen Dramenaufbaus (pattern of classical dramatic structure)

1. **Exposition:** (exposition)	Ausgangssituation des Geschehens sowie beteiligte Figuren werden vorgestellt und die Handlung in Gang gesetzt.
2. **Verwicklung:** (complication)	Das Geschehen entwickelt sich derart, daß die Spannung beim Zuschauer auf einen erahnbaren Höhepunkt hin ansteigt.

Literarische Texte

3. **Wendepunkt:** (turning point)	Ab diesem Punkt – bei Aristoteles "Peripetie" gennant – wird deutlich, ob sich das Geschehen zu einem glücklichen oder tragischen Ausgang entwickelt. Dieser Wendepunkt ist daher zumeist auch der Spannungshöhepunkt (climax).
4. **Fallende Handlung:** (falling action)	In dieser Phase wird der Ausgang der Geschichte vorbereitet. Das Geschehen wird so gestaltet, daß die Lösung als notwendige Folge des Geschehens erkannt und nachvollzogen werden kann.
5. **Lösung:** (dénouement)	Dies bezeichnet die Darstellung des Ausgangs des Geschehens, bei einer Tragödie das tragische Ende (catastrophe) und bei einer Komödie meist den glücklichen Ausgang (happy ending).

Dieses klassische Grundmuster bezieht sich auf zeitlich linear fortschreitendes Geschehen. Im Laufe der Entwicklung des Dramas haben sich unterschiedlichste Handlungsmuster herausgebildet, die hier jedoch nicht alle einzeln aufgezeigt werden können. Allgemein läßt sich der lineare Ablauf von Geschehen z. B. umkehren – vergl. "analytisches Drama" – oder variieren. Auch kann der Handlungsstrang in mehrere parallel ablaufende Stränge aufgesplittert werden und so können dem Hauptkonzept (main plot) weitere eigenständige Konzepte (subplots) untergeordnet werden.

Für die Analyse von dramatischem Geschehen ist es auch notwendig, zwischen äußerem, auf der Bühne sichtbarem Geschehen (external action) und der inneren Handlung (internal action), die in den Charakteren abläuft, zu unterscheiden. Die innere Handlung ist vor allem wichtig, wenn es gilt, die Entwicklung einer Figur im Drama zu untersuchen. Dazu muß besonders auch die Interaktion (dramatic interaction) der Figuren untereinander – z. B. vor allem ihr Austausch von Gedanken und Vorstellungen – berücksichtigt werden.

Der dramatische Handlungsraum

Fiktives Geschehen, wird es realisiert, findet an einem Ort und zu einer Zeit statt. Wird dieser Handlungsraum auf der Bühne nicht festgelegt oder angedeutet, so findet die Zuordnung des Geschehens zu Ort und Zeit in der Phantasie des Zuschauers statt. Doch auch wenn Kulissen (scenery), Requisiten (stage proper-

Literarische Texte

ties) und Kostüme (costumes) Schauplatz, Zeitpunkt und Milieu des Geschehens eines Dramas andeuten, ist es immer noch überwiegend der Haupttext – der Dialog – der die Vergegenwärtigung des Handlungsraums leistet. Somit ist eine Analyse des Handlungsraums keinesfalls auf den Nebentext – die Regieanweisungen – beschränkt.

Wie bei erzählenden Texten können auch im Drama die Funktionen des Handlungsraums über die bloße Vergegenwärtigung von Schauplatz und die Schaffung von Atmosphäre hinausreichen. So sind z. B. "Heide" und "Sturm" bei Shakespeares "King Lear" weit mehr als nur äußere Bedingungen des Geschehens, denn sie stellen inneres Geschehen dar.

Dramatische Gestaltungsmittel

Bei der Realisierung seiner Fiktion stehen dem Dramatiker (playwright) zahllose Kunstgriffe zur Verfügung, von denen hier nur auf einige, für die Analyse im Englischunterricht relevante Mittel eingegangen werden kann.

Schon in der Antike lösten Dramatiker das Problem der Information des Zuschauers über unaufführbare Ereignisse mit dem sogenannten **Botenbericht** (messenger's report), bei dem eine Figur das Geschehen auf der Bühne erzählt.

Um das Drama an bestimmten Stellen zu verdichten oder die Handlung zu beschleunigen, griff man zum Mittel der **Stichomythie** (repartee), einem schnellen Wechsel von Figurenrede. Das berühmteste Gestaltungsmittel im antiken Drama ist die Verwendung des **Chors** (chorus), einer Figurengruppe, die das Geschehen oder Verhalten von Hauptfiguren kommentiert. Diese Gestaltungsmittel finden im modernen Drama wieder zunehmend Verwendung.

Ein beliebtes Gestaltungsmittel ist es auch, eine eigenständige Szene in das Drama einzubauen, sei es als **Spiel im Spiel** (play in the play) oder als komische Szene in einem ernsten Stück, um die Anspannung des Zuschauers für kurze Zeit zu entlasten (comic relief).

Schließlich soll, um Verwechslungen vorzubeugen, das Gestaltungsmittel der **dramatischen Ironie** (dramatic irony) nicht unberücksichtigt bleiben. Im Gegensatz zur **verbalen Ironie** (verbal irony), die einen beabsichtigten Widerspruch zwischen Gesagtem und Gemeintem bezeichnet, spricht man von dramatischer Ironie (dramatic irony), wenn der Zuschauer mehr erfährt und weiß als die betroffene Figur auf der Bühne.

Einige weitere Kunstgriffe werden nachfolgend kurz in englischer Sprache definiert als Hilfe für die Bearbeitung von Textaufgaben.

Literarische Texte

comic relief: use of comic characters, speeches or scenes in a serious play to relax the spectator's tension.

dramatic irony: scenes when the audience knows something that the characters don't; used to heighten suspense or other feelings like horror, pity or relief.

exciting force: characters' behaviour, situation or event that sets rising action in motion or intensifies the conflict in a play.

foil: character who makes another character more noticeable by contrast.

foreshadowing: use of hints or clues to suggest what will happen later or what the outcome of the play will be.

tragic force: situation or influence in a tragedy that causes the beginning of the protagonist's misfortunes.

Übung 12

Macbeth: Vision of the Dagger

At the beginning of the play Macbeth is at the height of his reputation as a military leader, heaped with honours by the King. These honours have been prophesied by three witche after the final battle. One prophecy, however – that he himself will become King – has not yet come true. His wife persuades him to give fate a helping hand by murdering King Duncan. Some time later Macbeth tells his servant to ask Lady Macbeth to ring the bell when his evening drink is ready. Then left alone he sees the vision of the dagger.

MACBETH: Is this a dagger, which I see before me,
The handle toward my hand? Come, let me clutch thee:
I have thee not, and yet I see thee still.
Art thou not fatal vision, sensible
5 To feeling, as to sight? Or art thou but
A dagger of the mind, a false creation,
Proceeding from the heat-oppressed brain?
I see thee yet, in form as palpable
As this which no I draw.
10 Thou marshall'st me the way that I was going;

And such an instrument I was to use.
Mine eyes are made the fools o' the other senses,
Or else worth all the rest: I see thee still;
And on thy blade, and dudgeon, gouts of blood,
15 Which was not so before. There's no such thing:
It is the bloody business, which informs
Thus to mine eyes. Now o're the one half world
Nature seems dead, and wicked dreams abuse
The curtain'd sleep: witchcraft celebrates
20 Pale Heccat's[3] offerings: and wither'd murder,
Alarum'd by his sentinel, the wolf,
Whose howl's his watch, thus with his stealthy pace,
With Tarquin's ravishing strides[4], towards his design
Moves like a ghost. Thou sure and firm-set earth
25 hear not my steps, which way they walk, for fear
Thy very stones prate of my where-about,
And take the present horror from the time,
Which now suits with it. While I threat, he lives:
Words to the heat of deeds too cold breath gives.
30   *A bell rings.*
I go, and it is done: the bell invites me.
Hear it not, Duncan, for it is a knell
That summons thee to heaven, or to hell.
            Exit.

1. Study the contents of this passage and work out its general structure. Divide the speech into its main component parts and provide a suitable heading for each section.
2. Try to identify the following stylistic or dramatic deveices and comment on their function:
   a) "I have thee not, and yet I see thee still." (line 3)
   b) "A dagger of the mind ..." (line 6)
   c) The use of the image of the bloodstained dagger in line 14.
3. What form of dramatic speech does this passage belong to, and what are its possible functions?

---

3 Göttin der klassischen und mittelalterlichen Hexenkunst
4 Nach einer römischen Legende wurde Lukretia von Sextus Tarquinius vergewaltigt, was zur Vertreibung der Tarquinier aus Rom führte.

Literarische Texte

Dramatische Formen

Es ist sehr schwierig, eine Übersicht über die diversen Formen des Dramas zu geben, da bei der Klassifizierung häufig unterschiedliche Kriterien, wie z. B. Inhalt, Handlungsverlauf oder Gliederung, angewendet werden. So kann man ausgehend vom Inhalt z. B. Dokumentarstücke (documentary plays), deren Handlung auf tatsächlich stattgefundenen Ereignissen beruhen, das historische Drama (historical play), das Ideendrama (drama of ideas) oder das sozialkritische Drama (social drama) unterscheiden.

Nach Aufbau und Umfang lassen sich dramatische Stücke in Kurzdramen (short plays), Einakter (one-act plays) sowie in Dramen, die in drei oder fünf Akte gegliedert sind (three or five act plays) einteilen.

In gewissem Maße gültig ist auch noch die aus der Antike stammende Unterscheidung in die Grundtypen des Dramas, nämlich in Tragödie (tragedy) und Komödie (comedy). Moderne Spielformen dieser Typen haben die Grenzen zwischen diesen beiden Grundtypen allerdings mehr und mehr verschwimmen lassen.

Die nachfolgend aufgeführten Dramenformen sollten Schüler der Oberstufe allerdings kennen.

Farce: (farce)	Im englischen (!) Drama bezeichnet dieser Begriff ein einaktiges, possenhaftes Lustspiel, das zumeist auf einer Personenverwechslung (mistaken identity) beruht. Die handelnden Figuren sind in der Regel statisch, also flache Charakterere.
Komödie: (comedy)	Die Komödie ist ein leichtes, heiteres Bühnenstück mit glücklichem Ausgang, dessen Handlungsverlauf durch komische Situationen wesentlich bestimmt wird.
Tragikomödie: (tragicomedy)	So nennt man ein Drama, in dem tragische und komische Elemente eng miteinander verbunden sind.
Tragödie: (tragedy)	Dieser Dramenform gestaltet das Geschehen und die Auswirkungen eines tragischen Konflikts, d. h. eines nicht lösbaren Widerspruchs, der meist ein allgemeines sittliches Problem darstellt. Die Hauptfigur (protagonist), die im Mittelpunkt des Geschehens steht, also das Schicksal erleidet, bezeichnet man als den "tragischen Helden" (tragic hero).

122

Auswertung der Analyse

Kontrollieren Sie sich selbst

1. Was unterscheidet "dramatische" Texte von anderen literarischen Texten?
2. Was sind die vier Grundfunktionen des dramatischen Gesprächs?
3. Was versteht man unter einem "flat character"?
4. Wie sieht der klassische Dramenaufbau aus?
5. Was versteht man unter "dramatic irony"?
6. Erklären Sie den Begriff "exciting force".

5.3.3 Plan zur Erschließung dramatischer Texte

Die Analyse eines dramatischen Textes im Rahmen einer Textaufgabe hat meist die Funktion, die Fähigkeiten und Fertigkeiten des Schülers im Umgang mit dramatischen Texten zu überprüfen. Auch wenn bei einer Textaufgabe häufig nur ein Textausschnitt als Vorlage dient und die Aufgabenstellung nur einzelne ausgewählte Aspekte des Textes betrifft so ist es doch notwendig, über die vollständige Analyse eines dramatischen Textes Bescheid zu wissen. Denn Textvorlage und Aufgabenapparat einer Textaufgabe sind bei einer Klausur oder beim Abitur vorher nicht bekannt, und die Vorbereitung einer solchen Prüfung erstreckt sich folglich auf den gesamten möglichen Untersuchungsbereich. Außerdem hilft einem Schüler das Wissen über den Umgang mit dramatischen Texten bei der Besprechung eines Dramas im Rahmen einer Unterrichtseinheit, die Ausführungen besser zu verstehen und nachzuvollziehen.

A. Grobe Erfassung der allgemeinen Textaussage (general meaning)
In dieser Phase geht es darum, durch sorgfältiges Lesen die vordergründigen Aussagen des Textes zu verstehen und gegebenenfalls eine kurze Inhaltsangabe der äußeren Handlung zu verfassen. Folgende Leitfragen sollten, wenn möglich, beantwortet werden:
1. Welche Informationen gibt der Text über den Handlungsraum (setting) des Geschehens sowie über die Figuren (characters)?
2. Wer sind die Hauptfiguren (main characters) und welche Wertigkeit haben sie im Text (z. B.: protagonist/antagonist)?
3. Worin besteht der Konflikt (conflict)?
4. Was geschieht, warum, und welche Rolle spielen die Hauptfiguren dabei?

123

Literarische Texte

5. Was läßt sich zu den Fragen nach der Form des Dramas (form of drama), nach dem Thema (theme) und nach der Absicht des Autors (intention) bereits feststellen?

B. **Analyse der einzelnen Elemente** (analysis of the details)

1. **Aufbau**

Hier gilt es nun – aufgrund einer detaillierteren Untersuchung – den äußeren wie inneren Aufbau des Textes und die Funktionen der einzelnen Abschnitte, sowohl untereinander als auch im Hinblick auf den Gesamttext, zu erschließen:

- Wie ist der Text gegliedert? (Akte, Auftritte, Schauplatzwechsel/acts, scenes, change of scenery?)
- Wie ist die Länge und die Reihenfolge der einzelnen Abschnitte?
- Worauf beruht die Einteilung (division) in die einzelnen Abschnitte? Ist sie bedingt durch den Wechsel des Schauplatzes, durch die Gliederung des Geschehens oder durch thematische Aspekte?
- Wie sind die einzelnen Abschnitte miteinander verknüpft? Sind sie z. B. verbunden durch die lineare Entwicklung des Geschehens oder einer Idee?
- Welche Funktionen haben die einzelnen Abschnitte.

  (e. g. exposition = Presenting information about the general background; complication of the action; crisis = rising dramatic tension towards the climax of the conflict; turning point = surprising change of the action towards the resolution; retardation = delaying of the development of the action to intensify dramatic tension; dénouement = final resolution etc.)

Gegebenenfalls muß auch für die Nebenhandlung (subordinate action) bei der Analyse des Aufbaus berücksichtigt werden, die zumeist die Aufgabe hat, die Haupthandlung widerzuspiegeln (to reflect the main action), oder eine zur Haupthandlung kontrastive Funktion ausübt (to serve as a contrast to the main action).

2. **Darstellungsmittel**

Die Reihenfolge der Untersuchung der einzelnen Darstellungsmittel hängt im Einzelfall von der jeweiligen Aufgabenstellung ab. Dabei kann davon ausgegangen werden, daß die Rehenfolge der einzelnen Fragen und Arbeitsaufträge im "worksheet" überlegt ist und damit auch für die Untersuchung bzw. für die Bearbeitung der Aufgabe übernommen werden kann.

Auswertung der Analyse

a) Bei der Untersuchung des **"dramatischen Raumes"** ist grundsätzlich interessant, inwieweit er durch den Nebentext und inwieweit durch den Haupttext gestaltet wird. Weitere Überlegungen sind:
 – In welcher Beziehung (correspondence) steht der dramatische Raum zum Thema und zur Handlung des Stücks?
 – Welche Rolle spielen Bühnenbild und Requisiten (properties)?
 – Kommt Gegenständen, wie z. B. Ring, Dolch, Brief etc. (objects like ring, dagger, letter, etc.) eine besondere Bedeutung bei der Entwicklung der Handlung zu?
 – Inwiefern läßt sich in einzelnen Situationen eine besondere Atmosphäre (atmosphere) feststellen und wodurch wird sie erzeugt?

b) Die Untersuchung der **Zeitverhältnisse** (time scheme) reicht dann schon in den Darstellungsbereich der Handlung hinein. Wir unterscheiden folgende drei Grundmuster:
 – Die darstellende Zeit, also die Aufführungs- oder Lesedauer (reading time), entspricht in etwa der dargestellten Zeit (performed time).
 – Die darstellende Zeit ist kürzer als die dargestellte Zeit; es liegt also eine Zeitraffung (compression) vor.
 – Die darstellende Zeit ist länger als die dargestellte Zeit; wir sprechen dann von Zeitdehnung (expansion).

c) Die vordergründige Handlung haben wir schon in der Untersuchungsphase A erfaßt. Dennoch bedarf auch die **Handlung** einer gründlicheren Analyse. Folgende Fragen können uns dabei hilfreich sein:
 – Beruht die Handlung auf einem komplexen Handlungsgefüge (complex plot)?
 – Inwieweit baut das Geschehen auf dem Prinzip von Ursache und Wirkung (cause and effect) auf?
 – Spielt eine höhere Instanz (higher authority) oder der bloße Zufall (mere accident) in dem Handlungsablauf eine Rolle?
 – Läßt sich das wesentliche Geschehene als logische Folge vorangegangener Tatsachen bzw. aus der Absicht der Hauptfiguren erklären?
 – Führt die Handlung zu einer Lösung des Konflikts (conflict) oder bleibt der Ausgang offen (open end)?

Literarische Texte

d) Die weitere Untersuchung hat dann die **Figuren als Träger der Handlung** sowie ihre **Charakterisierung** (characterization) zum Gegenstand:

- Was erfahren wir über die äußere Erscheinung (outward appearance) der Figur?
- Welche Informationen erhalten wir über die Eigenschaften (qualities), Geisteshaltung (mind), Gewohnheiten (habits) etc.?
- Verkörpert die Figur einen bestimmten Typ oder eine individuelle Persönlichkeit (flat or round character)?
- Welche Funktion und Wertigkeit hat eine Figur als Handlungsträger?
- Erfährt die Figur eine innere Entwicklung (inner development)?
- Was sind die Beweggründe (motives) und die Absicht (intention) ihres Handelns und wie werden sie offenbart (e. g. monologue)?
- Wie ist das Verhältnis (relation) zu den übrigen Figuren?
- Wie wird die Figur charakterisiert (direct or indirect characterization)?

e) Schließlich fehlt noch die Analyse der **sprachlichen Gestaltung** des Textes. Da, wie bei allen literarischen Texten, die Darstellung der fiktiven Welt sprachlich erfolgt, beinhalten die vorangegangenen Untersuchungsschritte bereits auch eine Analyse der sprachlichen Mittel, dennoch ist eine Untersuchung des Textes unter rein sprachlichem Aspekt sinnvoll und angebracht. Dieser Untersuchungsbereich ist so umfangreich, daß eine annähernd vollständige Erfassung hier nicht möglich ist. Folgende Fragen könnten jedoch bei einer grundsätzlichen Untersuchung Leitfunktion übernehmen:

- Lassen sich Besonderheiten hinsichtlich Sprachebene, Redeweise, Stil und Wortwahl (level of speech, manner of speaking, style, choice of words) erkennen und welche Bedeutung haben etwaige Ergebnisse in Hinblick auf die jeweilige Figur und ihre Situation?

Da die Sprache im dramatischen Text vor allem in Form von Rede auftritt, ist darüberhinaus wichtig:

- Welchen Charakter hat das dramatische Gespräch (dialogue)? Ist es auf gegenseitige Verständigung (mutual understanding) angelegt? Ist es geplant und zielstrebig organisiert? Welche Figur hat

die Dialogführung (leading part in the dialogue)? Und ist darüber hinaus irgendeine Auffälligkeit (striking phenomenon) erkennbar?
– Liegt eine besondere Redeform vor (monologue, aside etc.) und wenn ja, was steckt dahinter?

Hinweis: Bei der Beantwortung von Fragen im Rahmen einer literarischen Text-analyse müssen alle Aussagen stets aus dem Text belegt werden unter der Anga-be der jeweiligen Textstelle.

Hilfreiche Wendungen

- A major theme in the play is ...
- This passage serves as the exposition of the play, since ...
- Throughout this section the characters do not seem to understand each other, because ...
- The author uses mainly the implicit method of characterization to present ...
- The conflict seems to result from ...
- The scene takes place ...
- The ... here creates a light-hearted/depressing/... atmosphere ...
- The dominant stylistic devices used in this excerpt are ...
- This passage is comic/dramatic/... because of the way

5.3.4 Musteraufgabe

Request Stop by Harold Pinter

CHARACTERS
Woman, Small Man, Lady 1, Lady 2, Man 1, Man 2

SCENE
A queue at a Request Bus Stop
> *A WOMAN at the head of the queue, with a SMALL MAN in a raincoat next to her, two other WOMEN and a MAN.*

Woman: (to SMALL MAN) I beg your pardon, what did you say? *(Pause)*
All I asked you was if I could get a bus from here to Shepherd's Bush.
5 *(Pause)*
Nobody asked you to start making insinuations.
(Pause)

127

Who do you think you are?

(Pause)

10 Huh. I know your sort, I know your type. Don't worry, I know all about people like you.

(Pause)

We can all tell where you come from. They're putting your sort inside every day of the week.

15 *(Pause)*

All I've got to do is report you, and you'd be standing in the dock in next to no time. One of my best friends is a plain clothes detective.

(Pause)

I know all about it. Standing there as if butter wouldn't melt in your mouth.

20 Meet you in a dark alley it'd be ... another story. *(To the others, who stare into space.)* You heard what this man said to me. All I asked him was if I could get a bus from here to Shepherd's Bush *(To him.)* I've got witnesses, don't worry about that.

(Pause)

25 Impertinence.

(Pause)

Ask a man a civil question he treats you like a threepenny bit. *(To him.)* I've got better things to do, my lad, I can assure you. I'm not going to stand here and be insulted on a public highway. Anyone can tell you're a foreigner. I

30 was born just around the corner. Anyone can tell you're just up from the country for a bit of a lark. I know your sort.

(Pause)

(She goes to a LADY.)

Excuse me lady. I'm thinking of taking this man up to the magistrate's court,

35 you heard him make that crack, would you like to be a witness?

(The LADY steps into the road.)

LADY: Taxi ...

(She disappears.)

WOMAN: We know what sort she is. *(Back to position.)* I was the first in the

40 queue.

(Pause)

Born just round the corner. Born and bred. These people from the country haven't the faintest idea of how to behave. Peruvians. You're bloody lucky I don't put you on a charge. You ask a straightforward question –

Literarische Texte

45 *(The others suddenly thrust out their arms at a passing bus. They run off left
    after it. The WOMAN, alone, clicks her teeth and mutters. A man walks from
    the right to the stop, and waits. She looks at him out of the corner of her eye.
    At length she speaks shyly, hesitantly, with a slight smile.)*
    Excuse me. Do you know if I can get a bus from here ... to Marble Arch?
50 THE END

*(Mansfield, R. ed.: "The Playmakers – one", p. 96/97, Schofield & Sims Ltd.,
Huddersfield, 1976)*

Analyse einzelner Elemente

Aufgabe 1

Show how the text is structured by the changes of the WOMAN's behaviour.

Das Verhalten der WOMAN wird im Verlauf des Sketches durch die Konfrontation mit dem
Schweigen der anderen in zunehmendem Maße seltsamer und aggressiver. Die Veränderung ihres
Verhaltens läßt sich anhand ihrer emotionalen Reaktionen auf das Schweigen der anderen in mehrere
Phasen einteilen, die die Struktur des Stückes ausmachen. Nachdem sie erkennen muß, daß ihre Frage
unbeantwortet bleibt, geht sie zunächst in Verteidigungsstellung (Z. 3/4). Als daraufhin keine
Reaktion erfolgt, sucht sie sich den SMALL MAN als Feindbild aus und macht ihn für ihre peinliche
Situation verantwortlich (Z. 8–15). Sie droht ihm mit einer Anzeige bei der Polizei (Z. 16–20) und
versucht ihn zu isolieren, indem sie sich bemüht, die anderen auf ihre Seite zu ziehen (Z. 21–24).
Verzweifelt über die Wirkungslosigkeit ihres Handelns entwickelt sie die Situation zu einem Fall, der
ihren Vorstoß gegen den SMALL MAN – die Drohung mit einer Anzeige – rechtfertigen soll (Z. 27–
32). Auf dieser Grundlage wendet sie sich direkt an eine LADY mit der Bitte, als Zeugin zu fungieren
(Z. 34/35). Als diese in einem Taxi flieht, richtet die WOMAN ihre Aggressionen nun gegen diese
LADY und beschimpft diese, wie sie es zuvor mit dem SMALL MAN getan hat. Das Stück endet mit
einer Frage ähnlich der, die diesen Sketch ausgelöst haben muß, und so schließt sich der Kreis und
deutet auf beliebige Wiederholbarkeit hin.

Lösung: According to the changes in the WOMAN's behaviour the text can be
subdivided into the following parts:

lines 3/4:   With her polite question remaining unanswered she feels herself in
               an embarrassing situation and simply defends herself for having
               put this question.

lines 8–15:   Since she still gets no reaction, she tries to identify an opponent
               whom she can blame for having placed her in the awkward situation. So she starts making insinuations about the SMALL MAN.

lines 17–22:   As there is no reaction, she advances further and threatens to
               report the SMALL MAN to the police.

lines 21–24:   She tries to isolate her opponent by appealing to the others as witnesses.

lines 27–32:   To justify her behaviour, she accuses the SMALL MAN of having
               made an improper advance.

129

Literarische Texte

lines 34–44: She develops a case on the basis of her previous conclusions about the SMALL MAN and directly asks a LADY to act as witness against the SMALL MAN. When the LADY escapes in a taxi, the WOMAN directs her aggressions against the LADY.

line 49: The sketch ends with the WOMAN asking a man who has just arrived at the bus stop another "polite question". By referring directly back to the beginning this conclusion suggest the event to happen again in the same way.

Aufgabe 2

Which component elements can you identify in the text that you would expect to find in a classical drama?

Das Vorhandensein bzw. Zusammenspiel von Dialog und Regieanweisungen lassen erkennen, daß der Text für eine Aufführung auf der Bühne bestimmt ist. Ferner weist er ein Handlungsgerüst auf, das auf dem Prinzip von Ursache und Wirkung basiert. Und schließlich erinnert der Handlungsverlauf mit Exposition (Z. 3–8), ansteigender Handlung (Z. 10–31), Höhepunkt (Z. 34/35), fallender Handlung (Z. 36–48) und Lösung (Z. 49) an das klassische Muster.

Lösung: There are three component elements in the text that are recognizable as referring to the structural pattern of a classical drama. First there is the typical combination of dialogue and stage directions that points to the fact that the text has been designed to be performed on stage. Further, the action presented is based on a plot that follows the cause-and-effect principle. And finally, the action is developed according to the classical pattern of exposition (lines 3–8), rising action (lines 10–31), crisis (lines 34/35), falling action (lines 36–48), and dénouement (line 49).

Aufgabe 3

How is the SMALL MAN characterized?

Die Charakterisierung des SMALL MAN ist äußerst sparsam, und der Leser bzw. Zuschauer ist nahezu ausschließlich auf eigene Schlußfolgerungen angewiesen. In Form direkter Charakterisierung erfahren wir aus den Regieanweisungen, daß er klein ist und einen Regenmantel anhat (Z. 1). Indirekt wird er charakterisiert durch sein Verhalten, nämlich dadurch, daß er auf die Frage der Frau nicht reagiert und auch zu den folgenden Unterstellungen und Drohungen schweigt. Welche Schlußfolgerungen der Leser bzw. Zuschauer nun daraus auch ziehen mag, sie bleiben vage und spekulativ.

Lösung: The text provides only little information about the SMALL MAN, and it is up to the reader to draw his/her own inferences, which on account of the very few facts given in the text must remain vague and doubtful. From the stage directions the reader learns that the SMALL MAN is "small" and wears a "raincoat" (line 1). Indirectly the SMALL MAN is characterized by his behaviour, above all by the fact that he remains silent when asked a "polite question" by the WOMAN.

Literarische Texte

Aufgabe 4

In what way does H. Pinter in this sketch use language to present the failure of language?

Die einzige Figur, die in diesem Stück Sprache anwendet, ist die WOMAN. Sie benutzt Sprache, um sich zu verteidigen (siehe Z. 3/4), um den SMALL MAN zum Schuldigen für ihre Situation zu machen (siehe Z. 8–15), um Beistand gegen ihn zu gewinnen (siehe Z. 34/35) und schließlich ganz allgemein um zu kommunizieren (siehe Z. 4, 49). Dabei erreicht sie kein einziges ihrer Ziele, was das Versagen der Sprache als Mittel, etwas zu bewirken, hinreichend darstellt.

Lösung: The only character in this sketch that uses language is the WOMAN. She uses language for several purposes: to defend herself (lines 3/4), to win support from the others (lines 34/35), more generally to initiate communication as an end in itself (lines 4, 49). In all these respects the WOMAN fails completely.

5.3.5 Übung 13

The Importance of Being Earnest (Act IV)

The persons of the play
Lady Augusta Bracknell
Algernon Moncrieff, her nephew
Miss Cecily Cardew, Algernon's prospective wife
John Worthing, referred to as 'Jack'
(...)

LADY BRACKNELL: (...) And now that we have finally got rid of this Mr. Bunbury, may I ask, Mr. Worthing, who is that young person whose hand my nephew Algernon is now holding in what seems to me a peculiarly unnecessary manner?

5 JACK: That lady is Miss Cecily Cardew, my ward.

LADY BRACKNELL *bows coldly to* CECILY.

ALGERNON: I am engaged to be married to Cecily, Aunt Augusta.

LADY BRACKNELL: I beg your pardon?

CECILY: Mr. Moncrieff and I are engaged to be married, Lady Bracknell.

10 LADY BRACKNELL *(with a shiver, crossing to the sofa and sitting down)*: I do not know whether there is anything peculiarly exciting in the air of this particular part of Hertfordshire, but the number of engagements that go on seems to me considerably above the proper average that statistics have laid down for our guidance. I think some preliminary inquiry on my part would not be out

131

Literarische Texte

15 of place. Mr. Worthing, is Miss Cardew at all connected with any of the larger railway stations in London? I merely desire information. Until yesterday I had no idea that there were any families or persons whose origin was a Terminus.

JACK *looks perfectly furious, but restrains himself.*

20 JACK *(in a clear, cold voice)*: Miss Cardew is the grand-daughter of the late Mr. Thomas Cardew of 149 Belgrave Square, S. W.; Gervase Park, Dorking, Surrey; and the Sporran, Fifeshire, N. B.

LADY BRACKNELL: That sounds not unsatisfactory. Three addresses always inspire confidence, even in tradesmen. But what proof have I of their authen-
25 ticity?

JACK: I have carefully preserved the Court Guides of the period. They are open to your inspection, Lady Bracknell.

LADY BRACKNELL *(grimly)*: I have known strange errors in that publication.

JACK: Miss Cardew's family solicitors are Messrs. Markby, Markby and
30 Markby of 149a Lincoln's Inn Fields, Western Central District, London. I have no doubt they will be happy to supply you with any further information. Their office hours are from ten till four.

LADY BRACKNELL: Markby, Markby and Markby? A firm of the very highest position in their profession. Indeed I am told that one of the Mr. Markbys is
35 occasionally to be seen at dinner parties. So far I am satisfied.

JACK *(very irritably)*: How extremely kind of you, Lady Bracknell! I have also in my possession, you will be pleased to hear, certificates of Miss Cardew's birth, baptism, whooping cough, registration, vaccination, confirmation, and the measles; both the German and the English variety.

40 LADY BRACKNELL: Ah! A life crowded with incident, I see; though perhaps somewhat too exciting for a young girl. I am not myself in favour of premature experiences. *(Rises, looks at her watch.)* Gwendolen! the time approaches for our departure. We have not a moment to lose. As a matter of form, Mr. Worthing, I had better ask you if Miss Cardew has any little fortune?

45 JACK: Oh! about a hundred and thirty thousand pounds in the Funds. That is all. Good-bye, Lady Bracknell. So pleased to have seen you.

LADY BRACKNELL *(sitting down again)*: A moment, Mr. Worthing. A hundred and thirty thousand pounds! And in the Funds! Miss Cardew seems to me a most attractive young lady, now that I look at her. Few girls of the
50 present day have any really solid qualities, any of the qualities that last, and

132

improve with time. We live, I regret to say, in an age of surfaces. *(To* CECILY): Come over here, dear. (CECILY *goes across.)* Pretty child! your dress is sadly simple, and your hair seems almost as Nature might have left it. But we can soon alter all that. A thoroughly experienced French maid pro-
55 duces a really marvellous result in a very brief space of time. I remember recommending one to young Lady Lancing, and after three months her own husband did not know her.

JACK: And after six months nobody knew her.

LADY BRACKNELL: *(glares at* JACK *for a few moments. Then bends, with a*
60 *practised smile, to* CECILY): Kindly turn round, sweet child. (CECILY *turns completely round.)* No, the side view is what I want. (CECILY *presents her profile.)* Yes, quite as I expected. There are distinct social possibilities in your profile. The two weak points in our age are its want of principle and its want of profile. The chin a little higher, dear. Style largely depends on the way the
65 chin is worn. They are worn very high, just at present. Algernon!

ALGERNON: Yes, Aunt Augusta!

LADY BRACKNELL: There are distinct social possibilities in Miss Cardew's profile.

ALGERNON: Cecily is the sweetest, dearest, prettiest girl in the whole world.
70 And I don't care twopence about social possibilities.

LADY BRACKNELL: Never speak disrespectfully of Society, Algernon. Only people who can't get into it do that. *(To* CECILY): Dear child, of course you know that Algernon has nothing but his debts to depend upon. But I do not approve of mercenary marriages. When I married Lord Bracknell I had no
75 fortune of any kind. But I never dreamed for a moment of allowing that to stand in my way. Well, I suppose I must give my consent.

ALGERNON: Thank you, Aunt Augusta.

LADY BRACKNELL: Cecily, you may kiss me!

CECILY *(kisses her):* Thank you, Lady Bracknell.
80 LADY BRACKNELL: You may also address me as Aunt Augusta for the future.

CECILY: Thank you, Aunt Augusta.

LADY BRACKNELL: The marriage, I think, had better take place quite soon.

ALGERNON: Thank you, Aunt Augusta.

CECILY: Thank you, Aunt Augusta.

Literarische Texte

85 LADY BRACKNELL: To speak frankly, I am not in favour of long engagements. They give people the opportunity of finding out each other's character before marriage, which I think is never advisable.

JACK: I beg your pardon for interrupting you, Lady Bracknell, but this engagement is quite out of the question. I am Miss Cardew's guardian, and
90 she cannot marry without my consent until she comes of age. That consent I absolutely decline to give.

LADY BRACKNELL: Upon what grounds, may I ask? Algernon is an extremely, I may almost say an ostentatiously, eligible young man. He has nothing, but he looks everything. What more can one desire?

95 JACK: It pains me very much to have to speak frankly to you, Lady Bracknell, about your nephew, but the fact is that I do not approve at all of his moral character. I suspect him of being untruthful.

ALGERNON *and* CECILY *look at him in indignant amazement.*

LADY BRACKNELL: Untruthful! My nephew Algernon? Impossible! He is an
100 Oxonian. (...)

("Complete Works of Oscar Wilde", pp. 373–375, New edition, Collins, London & Glasgow, 1966)

1. State in one sentence what this excerpt is about.

2. Give a paraphrase. Do not use the words underlined.
   "But I do not approve of mercenary marriages" (lines 73/74)

3. Sketch briefly how this scene is structured.

4. What personal trait does Lady Bracknell's sudden change of attitude disclose?

5. Show in what way exaggeration is employed to create comic effects. Give two examples from the text.

6. Identify two further different devices in the text that are used to create comic effects.

6 Lösungsvorschläge

Übung 1

1. a) financed
   b) abandoned
   c) enclosed, surrounded

2. "Some plants have suffered as a result from cold, damp winters ..."

3. The term "ecological studies" here refers to the activity of learning about the patterns and balance of the relationship between plants ant their environment.

4. They tried to incorporate plants from all those areas where the ancestors of Lewisham's multi-ethnic population had come from.

5. The garden shows people how unity can be realized: by allowing different species to thrive.

Übung 2

1. The text shows in which way the Church of England has changed between the 1950s and the middle of the 1970s.

2. a) "... who they recognized and greeted but didn't know well."
   b) "... as if they were feeling very tired and under stress as a result of just having experienced something very terrible."

135

Lösungsvorschläge

3. The actual situation of the Church of England was opposite of what its name denoted. It was no longer a "church", but a sect (lines 164–167) and it didn't play the leading role in English life any more (lines 31–33), but only a very marginal part (lines 159–162).

4. a) Lines 94–126
In this passage the text is predominantly expository, as here the writer presents "the demolition of its (C or E's) traditional parishes" (lines 46/47) and tries to explain this change. Although the author presents his subject matter in a vivid style, he refrains from any explicit personal judgement and just tries to give the reader some insight into this stage of development of the Church of England.

   b) Lines 127–144
These lines, in which the writer depicts the parish his father moved to in 1966, are chiefly descriptive, since they are concerned with perception. The author wants the reader to form an impression of one of those "new parishes". So he employs many adjectives, another of the characteristics of the descriptive type of text.

5. It is not difficult to recognize that the author's purpose is to give some information on the changes of the Church of England between the 1950s and the 1970s, and to explain how it had itself been reinvigorated. To achieve this, the author above all employs two forms of discourse, exposition and description. There is no argumentation developed. From the way the author has arranged his ideas follows that he predominantly is interested in information and explanation. The descriptive passages mainly serve as illustrating examples, which is not unusual for expository texts. So all in all the text belongs mainly to the expository type of text.

6. The author presents the different stages of the development of the Church of England in a chronological order:
lines 1–61:   the C of E in the 1950s
lines 62–126:   changes
lines 127–181: results of the changes
lines 182–219: re-invigoration

7. In the 1950s the Church of England still was the key element in English life as it has been for the last four centuries (lines 31–33). Though obsequious to the sovereign in the beginning, it had the same position of rank (lines 48–50). Its lethargy, where the church got its power from (lines 13/14), made it safe from any change or decrease in significance (lines 46–48).

Lösungsvorschläge

8. Between the 1950s and the 1970s the Church of England due to the destruction of its traditional parishes sank to the level of an almost insignificant religious group.

9. In the middle of the 1970s the Church of England unexpectedly changed into a church of critical priests, who gave their views on government policies and in particular took a stand against a Conservative government. By this development the Church of England regained some of its former strength.

10. Apart from a sophisticated choice of words with a rather high degree of connotation the author employs predominantly imagery to achieve the pictorial quality the text shows. Most of the images are based either on analogy or on contrast. So, for example, in lines 91–93 the author compares the vicarage with a doctor's house, or in lines 129/130 he opposes the village his father left to the gigantic building site his father moved to. Further examples of contrast can be found in lines 37/38, 49/50, 155/156, 172–177, 204/205, 210–219.
Besides the extended comparisons (cf. 39–44, 48–50, 159–162) the author makes use of similes (cf. lines 2–4, 7/8, 12/13, 27–29, 30–33, 140/141). In line 154 the comparison is especially emphasized by a syntactical figure of speech, an anaphora. But there also implied comparisons to be found in the text, as for example images (cf. lines 14–22), metaphors (cf. lines 146/147) or personifications (cf. line 60). Although the imagery extensively employed in this text is primarily visual, some figures of speech appeal to other senses as well, e. g. the following synaesthesia "... the same smell in the men's voices, ..." (lines 22/23).

Übung 3

1. From what the writer says about nature as well as from the way he speaks about nature one can conclude that the writer's attitude towards nature is evidently deferential.
To the writer nature does not only provide the resources to live on (cf. lines 6–12), but also gives freedom (cf. lines 12–14) and above all holds "the True meanings of many aspects of Life" (lines 1/2). The great significance of nature is also expressed by the initial capital letter of the word "Nature" wherever used in the text.

137

Lösungsvorschläge

2. The text is directed to readers that to some extent have got weary of living in highly mechanized surroundings. The writer especially addresses those readers that have become aware of their "acting as a cog" (line 70) in the machine and therefore toy with the idea of changing their way of life (cf. lines 22–27).

3. By addressing the reader directly ("You") throughout the text the writer establishes a personal relationship to the reader. In addition, the capitalization of the initial letter of "You" points to the fact that the reader is important to the writer. These facts and taking into account that the writer acts as the reader's adviser on essential aspects of life make the writer's attitude towards the reader that of an intimate friend.

4. The writer's intention is explicitly expressed. First, he wants to make the reader think about his/her present way of life (cf. lines 30/31) and become aware of his/her just being an inferior part in the machine (lines 70/71). Second, he wants the reader to think about his/her relationship with nature (lines 51–53) and how to get into harmony with nature again (cf. lines 1–17), which had once been the goal of life.

Übung 4

1. Externally, the poem consists of two four-line stanzas.

2. In this poem there are three syntactical units recognizable:
   Line 1:   The addressed Rose is sick.
   Line 2–6: The worm has discovered Rose's bed of joy.
   Line 7/8:   His love is killing Rose.

3. In correspondence with the syntactical structure (cf. 2) the poem contains three sense units, which are closely linked together: the diagnosis (line 1), the cause of this state (lines 2–6) and finally the prognosis (lines 7/8).

4. Both structures differ in the number as well as in the length of their component parts. Whereas the external structure divides the poem into two stanzas of equal length, the internal structure shows that the poem is composed of three sense units varying in length.

5. As far as the external structure of the poem is concerned the end rhyme emphasizes the unity of each of the two stanzas. At the same time, however, it

joins together the rhyming words – "worm/storm" and "joy/destroy" – and thus stresses their meaning. So by contributing to both structures the end rhyme keeps them together.

Übung 5

1. This contrast is reflected on the linguistic level by a mixture of styles. Simple, ordinary end even colloquial expressions, e. g. "sort of" (line 5), "the very poor" (line 7) are blended with elevated and refined phrases like "emotional anaemia" (line 5) or "commit that indiscretion" (line 13), thus matching the contrast between the bloodless over-refinement of the lady and the lively sturdiness of the playing children.

2. There are at least two striking syntactical features in the text. First there is an anaphora in lines 4, 6 and 12. The repeated beginning of a clause and verse with the conjunction "and" here points to the way the image is built up in the reader's mind. Step by step the author reveals one piece of information after the other. The second striking feature is the inversion in line 9. Here the sentence structure is altered to attract the reader's attentionand to emphasize the meaning of this statement.

3. a) In the New Testament the context of the quotation is as follows: "Blessed are the meek: for they shall inherit the earth." as in the poem the pronoun "they" (line 8) refers to the "infants of the very poor" (line 7), the meaning of this quotation has been changed essentially. It is no longer the gentle and quiet people, people who accept others' actions and opinions without argument, that shall "inherit the earth", but the "filthy, sturdy, unkillable infants of the very poor" (line 7). This suggests that the meaning of "to inherit the earth" has been changed, too. In the Bible this phrase refers to a world to come after death, while in the poem this phrase obviously has to be taken in a concrete and realistic sense: The "unkillable infants of the very poor" (line 7) will take over our earth from the over-refined members of the upper class society.

   b) By the presentation of this statement in the form of a quotation from the Bible the reader will more likely believe this prediction to come true, since the Bible is generally accepted as authority and source of truths.

Lösungsvorschläge

4. The statement in line 9 is ambiguous, because there are two different meanings of "breeding" that fit in this context. With the first meaning of "breeding" – to mate and produce offspring – line 9 accuses the lady of being unable to have children. With the second meaning – training in how to behave decently – the statement in line 9 says that the lady has been excellently trained in good manners and decent behaviour. Both interpretations match the image depicted by the poem.

5. In line 1 a *simile* is employed to characterize the lady's situation in the poem. She is compared to a "skein of loose silk" which suggests wealth, elegance and refinement, but also lightness and fragility. Now this piece of silk is "blown against a wall", which shows that it is too weak to resist the wind. In addition, the simile her establishes a contrast between the "skein of loose silk" and the ordinary, solid "wall". The simile in line 1 thus anticipates those two aspects of the lady's character upon which the whole poem is built: elegance and cultural over-refinement on the one hand and lack of vigour and vitality on the other.

Übung 6

1. scansion chart   number of accented syllables

1	xXxxXxxX	3
2	xxXxxXxxX	3
3	xxXxxX	2
4	xXxxX	2
5	xxXxxXxxX	3

2. The metre of most limericks is a mixture of iambs (xX) and anapaests (xxX). In this limerick the basic type of foot is the anapaest (xxX), but there are also two iambs (lines 1 and 4).

3. The rhyme scheme here is aabba. (It is a characteristic of the limerick that the first two lines are rhyming with the last one.)

4. ad lib.

Übung 7

1. Both allusions refer to classical mythology. The first quotation points to the moon's control of the tides, as Hecate is the Greek goddess of the moon. The "unbound winds of Heaven" allude to the rough winds the Greek god Aeolus gave Odysseus. The winds had been tied up in a bag so that Odysseus might have a save voyage, but unfortunately they were released by his sailors.

2. As the poem consists of fourteen lines (iambic pentameter) in one stanza, it is written in the sonnet form. Its rhyme-scheme, indicating a subdivision of the text into an octave and a sestet, points to the Petrarchan form.

3. In the octave the poetic speaker presents a vivid image of the sea and some of its legendary associations.

4. "Shadowy sound" is an example of synaesthesia, i.e. a sensory-perception expressed by a term usually associated with a different sense. "Shadow", usually associated with sight, here is used to describe the special quality of the sound of waves.

5. This passage, above all, makes use of onomatopoetic effects, i.e. it conveys a lot of things through sound. So "eternal whisperings" (line 1), "shadow sound" (line 4) and "gentle temper" (line 5), for example, reinforce the mood of the sea. In addition, the rhythm of the initial sentences with their run-on-lines emphasize the movement of the waves.

6. In the setest the poetic speaker explicitly addresses the reader and asks him/her to leave his/her busy and loud everyday life for some time to find contemplation and rest at the sea.

7. In this sonnet, as in many other of his poems, Keats celebrates the beauty of the natural world and its nourishing effects for the soul. With his evocation of an almost physical sense of the sea's presence the poem soothes the ear just as the sight of the sea calms the turbulent spirit. What to make of it is left to the reader.

Lösungsvorschläge

Übung 8

1. In text A as well as in text C the narrator does not belong to the fictitious world, because in both texts the narrator has an insight into the characters' thoughts and feelings, which a character of the fictitious world could not have.

2. The story in text B is told by the protagonist and thus is related from a limited perspective. In addition to that the narrator explicitly mentions that he has been informed about the date and some details of his birth by someone else.

3. From the humorous and mocking tone in which this passage is presented (cf. choice of words, exaggerations, ...) one can conclude that the narrator has an ironical if not sarcastic attitude towards his subject matter. So, for example, the reader feels that the reason for the woman to "lean on his arm" is not tiredness but desire, as the first two lines of this excerpt suggest.

Übung 9

1. The bride is introduced by the narrator in a predominantly direct mode of characterization (lines 21–37) as a plain, rather colourless woman of a low social class. this image of the bride is confirmed – in the mode of indirect characterization – by her behaviour and the way she talks.

2. The description of the man's face (lines 8–10) as well as the fact that he does not feel at ease in his new clothing (lines 11–14) suggest that he is from a rural area and used to spend a lot of time outdoors. This would also explain why he feels awkward in this elegant "environment" (lines 17–20). Nevertheless he shows self-esteem and manly pride when he tries to impress his bride with his worldliness (lines 39–58). All in all he very much resembles one of those natural and uncomplicated heroes of the Wild West.

3. The action takes place in a luxuriously furnished Pullman coach speeding westward across the Texan plains. The incongruity between the newly married couple and their surroundings evokes a rather light-hearted and even comic atmosphere.

4. From the very beginning of the story things are in motion. Just as the train is "whirling onward" (line 1) and the countryside seems to be in movement (cf. line 5), the man is in transition, since he has moved to a new social state (line

75). Thus the "process of changing" obviously plays an important part in this story. To find out which particular "process of changing" is referred to in the story, further clues from the text are needed. Taking into account the direction of the movement (cf. line 5), the "environment" of the man's new state (cf. lines 73–75) and finally the year in which the story was written, one arrives at the conclusion that the closing of the frontier and thus the surrender of the "Wild West" to Eastern civilization is a major theme in this narrative.

Übung 10

1. The narrator of the story is closely watching an electrician repair the telephone lines at the top of a telegraph pole opposite the narrator's house.

2. a) The clouds looking like sour milk were moved violently ...
   b) ... anything to engage the ever roaming feeling that everything is wrong and nothing can improve.

3. The story is told by an "I" as protagonist (cf. lines 25 ...), as the first-person narrator is the main character in the story. His/her attitude towards the subject is curious and full of high expectations (cf. lines 26–30, 51/52). He/she establishes a close relationship to the reader and gives the reader, in the course of the story, some insight into his/her emotional world.

4. The text begins with the introduction of the external action (lines 1–16). From line 16 onwards the rising action is developed pointing to the possibility of an accident (cf. lines 16, 22–24, 28/29). Then in line 31 there is a shift in focus. The narrator describes the surroundings (lines 31–50) to create an atmosphere that is in contrast to his/her present emotional state (cf. line 50). The climax is reached in lines 58/59, when the inner conflict is revealed. This conflict then is resolved in lines 63/64 by the narrator admitting his/her wicked wish for an accident.

5. Suspense is created mainly by evoking the notion of an accident in the reader's mind. This is achieved by the repeated indication of the danger of an accident, which is the leitmotif in this story (cf. lines 16, 24, 28/29, 60/61). Especially intriguing is the use of 'seeming' (line 23) suggesting that the man should be in a position of comfort and security but probably is not. In addition to that the

Lösungsvorschläge

reader's suspension is maintained by hiding the reason for the narrator's reluctance to leave the window until the last line.

6. Apart from the use of 'seeming' (cf. line 23) there are two striking stylistic features to be mentioned. First, figurative language is used (lines 37–50) to evoke negative associations in the reader's mind. Secondly, the stylistic device of paratactical sequencing is employed (lines 19–24, 40–46). Several actions are enumerated to give the impression of activity, which to the reader increases the probability of something to happen.

Übung 11

1. In this opening passage of the play Ma Kirby is gathering her two children and her husband together for a trip to Camden. There is nothing unusual or extraordinary about this event. On the contrary, it is a banal scene to be found in daily life almost in every family.

2. According to the stage directions the action is to be performed on an "empty, bare stage", and the actors are expected to manage mostly without props but with the help of pantomime. Further, the stage manager –in a conventional play in charge of the stage during performance – here does not act behind the stage, but "Consulting his script" (line 19) plays several roles, even female ones.

3. By this way of staging the fictitious quality of the stage reality is made clear to the audience. As a result there is no creation of illusion, and the audience is prevented from identifying with the actors. Thus distanced from the action the audience is enabled to concentrate on the author's message in the play.

4. Ma Kirby very much resembles the common image of an average American mother representing the "management" in household and family life, since she arranges and plans everything. She is the actual head of the family who decides what to do (cf. line 61) or what to wear (cf. lines 14/15). Although domineering at times and being rather strict with her children, Ma Kirby is neither a household tyrant nor a battle-axe. her behaviour rather could be called commonly reasonable and conventional. Apart from that she is modest (line 29), sympathetic (line 37) and seems to get along well with her neighbours (lines 18–45).

144

Übung 12

1. This passage can be subdivided into five major parts:

Lines 1–17: Macbeth's vision of a dagger
Macbeth is haunted by the hallucination of a dagger, which he thinks shall guide him into murdering King Duncan (lines 10/11)

Lines 17–24: Realization of the time this vision appears
He then realizes that it is night (cf. lines 17/18), and the moment of his hallucination thus corresponds to the time when evil forces are at work.

Lines 24–28: Macbeth's appeal to earth for assistance
He appeals to earth and to stones not to give him away while he is committing the crime.

Lines 28/29: Realization of the contrast between his words and the necessary action
He realizes that it is time to follow the maxim "actions speak louder than words".

Lines 30–33: Coming up for decision
Perceiving the signal (line 30) Macbeth has made up his mind on his course of action.

2. a) The antithesis here expresses Macbeth's complete confusion when he discovers that the object he sees so clearly is not tangible.
   b) The phrase "A dagger of the mind" is a metaphor. It suggests that the dagger Macbeth sees before him is a hallucination; but it also points to the feverish state of Macbeth's mind.
   c) In the vision of the bloodstained dagger the impending murder takes shape. This foreshadowing contributes to the heightening of suspense.

3. As this passage consists of a longer speech made by a single character, it can be called a "monologue". In this monologue Macbeth gives the audience an insight into his thoughts and feelings, and thus his speech contributes to the characterization of the protagonist. In addition to that the audience is given some clues as to what course the action will take (cf. lines 10, 31), which heightens the suspense. And finally, since the monlogue shows how Macbeth comes to his dramatic decision to act, it forms an essential part of the plot.

Lösungsvorschläge

Übung 13

1. This passage presents Lady Bracknell's examination of Cecily, the would-be bride of Algernon, her nephew.

2. "But I do not like marriages inspired by love of money."

3. The scene can be subdivided into two parts. In the first part (lines 1–44) Lady Bracknell cross-examines Cecily. She treats her rather condescendingly thus showing openly her disapproving of the idea of her nephew marrying Cecily.
   Jack's revelation about Cecily's financial situation (lines 45/46) forms a turning point. Whereas in the first part Lady Bracknell does not show any interest in Cecily and is just on the point of leaving (cf. line 43), she now ignores Jack's saying good-bye (line 46) and corrects her previous opinion of Cecily. He also changes her attitude and even presses for the marriage. (cf. line 82).

4. Before Jack's revelation of his ward's financial situation Lady Bracknell treats Cecily with freezing politeness. But when she learns about the fortune in the Funds, she is suddenly very attracted to the idea of Algernon marrying Cecily. Since this attraction seems exclusively based on money (cf. lines 47–51), Lady Bracknell appears greedy.

5. The comic effect of exaggeration is based on the discrepancy between the description of something and the true facts.
   There are several instances in this text where exaggeration is used in this way: e. g.
   - lines 12–14: Lady Bracknell's generalization here is exaggerated as the numbers of engagements she has been informed about (i. e. two cases) are not likely to upset "statistics".
   - line 36: Jack's politeness is obviously exaggerated, especially if compared to the stage direction "very irritably", and is meant ironical here.
   - lines 40/41: The certificates Jack enumerates (cf. lines 37–39) refer to quite common events and are not apt to suggest that Cecily's life has been "crowded with incident" or "too exciting for a young girl".

6. Further devices employed to create comic effects are to be found, for example in

146

Lösungsvorschläge

- lines 37–39: Through the mixing of different spheres the certificates refer to (health, religion, ...) the author achieves the effect of "comic disorder".
- lines 40/41: Lady Bracknell's unexpected reaction to the list of certificates, "a life crowded with incident", creates a "comic surprise".
- lines 62/63: "... distinct social possibilities in your profile" is a play on words based on ambiguity. For "profile" can denote the side-view of a human face but can also refer to the character of a person.
- lines 73–76: Here the author makes fun of the cliché "... not approve of mercenary marriages" by the surprising sentences that follow and that twist the original meaning of this cliché.

7 Stichwortverzeichnis

7.1 Deutsch

Alexandriner 71
Aufbau 23

Ballade 75
Beiseitesprechen 112
Bewußtseinsstrom 98
Blankvers 71
Botenbericht 119

Charaktere 92 f., 113
Charakterisierung 92, 113
Chor 119

Elegie 75
Erlebte Rede 97
Erzählfigur 87 ff.

Essay 20
Exposition 117

Fabel 99
Feature 20

Geschichte 117

Handlungskonzept 93 f., 117
Handlungsraum 118 f.

Innerer Monolog 98
Ironie 119

Komödie 122
Kurzgeschichte 99

Leitartikel 20
Leitmotiv 63
Lied 75

Metapher 67
Metonymie 68
Metrum 70
Monolog 112

Ode 75

Parabel 99
Perspektive 88
Produktionssituation 3
Publikumsanrede 112

Reim 73
Rezeptionssituation 3
Rhythmus 72

Sachtexte 4, 17 ff.

Stichwortverzeichnis

Satire 20
Sonett 75 f.
Spiel im Spiel 119
Stichomythie 119
Stilfiguren 27 ff.
Symbol 66

Textanalyse 3
Textarbeit 2

Textaufgabe 2, 4
Textdeutung 3
Texterschließung 3, 5, 7 ff.
Textsorten 19
Tragikomödie 122
Tragödie 122

Vergleich 66
Versfuß 70

7.2 Englisch

Alexandrine 71
Aside 112

Ballad 75
Blank Verse 71

Characterization 92, 113
Characters 92 f., 113
Chorus 119
Comedy 122
Complication 117

Dénouement 118

Elegy 75
Essay 20
Exposition 117

Fable 99
Farce 122
Feature Story 20
Figures of Speech 27 ff.
Foot 70
Free-indirect-speech 97

Interior Monolog 98
Irony 119 f.

Leitmotif 63

Messenger's Report 119
Metaphor 67

Metonymy 68
Metre 70
Monologue 112

Narrator 87 ff.
Non-fictional Texts 4

Ode 75

Parable 99
Perspective 88
Play in the Play 119
Plot 93 f., 117

Repartee 119
Rhyme 73
Rhythm 72

Satire 20
Setting 118 f.
Short Story 99
Simile 66
Sonnet 75 f.
Song 75
Story 117
Stream-of-consciousness 98
Structure 20
Symbol 66

Tragedy 122
Tragicomedy 122

150

Ihre Meinung ist uns wichtig!

Ihre Anregungen sind uns immer willkommen. Bitte informieren Sie uns mit diesem Schein über Ihre Verbesserungsvorschläge!

Titel-Nr.	Seite	Vorschlag

Bitte hier abtrennen

Die echten Hilfen zum Lernen... **STARK**

16-V1T

Bitte ausfüllen und im frankierten Umschlag
an uns einsenden. Für Fensterkuverts geeignet.

Zutreffendes bitte ankreuzen!

Die Absenderin / der Absender ist:

☐ Lehrer/in in den Klassenstufen:

☐ Fachbetreuer/in
   Fächer:

☐ Seminarlehrer/in
   Fächer:

☐ Regierungsfachberater/in
   Fächer:

☐ Oberstufenbetreuer/in

☐ Schulleiter/in

☐ Referendar/in, Termin 2. Staats-
   examen:

☐ Leiter/in Lehrerbibliothek

☐ Leiter/in Schülerbibliothek

☐ Sekretariat

☐ Eltern

☐ Schüler/in, Klasse:

☐ Sonstiges:

Unterrichtsfächer: (Bei Lehrkräften!)

STARK Verlag
Postfach 1852
85318 Freising

Kennen Sie Ihre Kundennummer?
Bitte hier eintragen.

Absender (Bitte in Druckbuchstaben!)

Name/Vorname

Straße/Nr.

PLZ/Ort

Telefon privat   Geburtsjahr

E-Mail-Adresse

Schule/Schulstempel (Bitte immer angeben!)

Sicher durch das Abitur!

Klare Fakten, systematische Methoden, prägnante Beispiele sowie Übungsaufgaben auf Abiturniveau mit erklärenden Lösungen zur Selbstkontrolle.

Mathematik

Analysis Pflichtteil – Baden-Württemberg	Best.-Nr. 84001
Analysis Wahlteil – Baden-Württemberg	Best.-Nr. 84002
Analytische Geometrie Pflicht-/Wahlteil Baden-Württemberg	Best.-Nr. 84003
Berufliches Gymnasium Mathematik Analysis · Lineare Algebra – Baden-Württemb.	Best.-Nr. 824001
Analysis – LK	Best.-Nr. 94002
Analysis – gk	Best.-Nr. 94001
Analytische Geometrie und lineare Algebra 1	Best.-Nr. 94005
Analytische Geometrie und lineare Algebra 2	Best.-Nr. 54008
Stochastik – LK	Best.-Nr. 94003
Stochastik – gk	Best.-Nr. 94007
Kompakt-Wissen Abitur Analysis	Best.-Nr. 900151
Kompakt-Wissen Abitur Analytische Geometrie	Best.-Nr. 900251
Kompakt-Wissen Abitur Wahrscheinlichkeitsrechnung und Statistik	Best.-Nr. 900351

Physik

Elektrisches und magnetisches Feld (LK)	Best.-Nr. 94308
Elektromagnetische Schwingungen und Wellen (LK)	Best.-Nr. 94309
Atom- und Quantenphysik (LK)	Best.-Nr. 943010
Kernphysik (LK)	Best.-Nr. 94305
Physik 1 (gk)	Best.-Nr. 94321
Physik 2 (gk)	Best.-Nr. 94322
Kompakt-Wissen Abitur Physik 1 Mechanik, Wärmelehre, Relativitätstheorie	Best.-Nr. 943012
Kompakt-Wissen Abitur Physik 2 Elektrizität, Magnetismus und Wellenoptik	Best.-Nr. 943013
Kompakt-Wissen Abitur Physik 3 Quanten, Kerne und Atome	Best.-Nr. 943011

Chemie

Training Methoden Chemie	Best.-Nr. 947308
Chemie 1 – Baden-Württemberg	Best.-Nr. 84731
Chemie 2 – Baden-Württemberg	Best.-Nr. 84732
Chemie 1 – Bayern LK K 12	Best.-Nr. 94731
Chemie 2 – Bayern LK K 13	Best.-Nr. 94732
Chemie 1 – Bayern gk K 12	Best.-Nr. 94741
Chemie 2 – Bayern gk K 13	Best.-Nr. 94742
Rechnen in der Chemie	Best.-Nr. 84735
Abitur-Wissen Protonen und Elektronen	Best.-Nr. 947301
Abitur-Wissen Struktur der Materie und Kernchemie	Best.-Nr. 947303
Abitur-Wissen Stoffklassen organischer Verbindungen	Best.-Nr. 947304
Abitur-Wissen Biomoleküle	Best.-Nr. 947305
Abitur-Wissen Biokatalyse u. Stoffwechselwege	Best.-Nr. 947306
Abitur-Wissen Chemie am Menschen – Chemie im Menschen	Best.-Nr. 947307
Kompakt-Wissen Abitur Chemie	Best.-Nr. 947309

Biologie

Training Methoden Biologie	Best.-Nr. 94710
Biologie 1 – Baden-Württemberg	Best.-Nr. 84701
Biologie 2 – Baden-Württemberg	Best.-Nr. 84702
Biologie 1 – Bayern LK K 12	Best.-Nr. 94701
Biologie 2 – Bayern LK K 13	Best.-Nr. 94702
Biologie 1 – Bayern gk K 12	Best.-Nr. 94715
Biologie 2 – Bayern gk K 13	Best.-Nr. 94716
Chemie für Biologen	Best.-Nr. 54705
Abitur-Wissen Genetik	Best.-Nr. 94703
Abitur-Wissen Neurobiologie	Best.-Nr. 94705
Abitur-Wissen Verhaltensbiologie	Best.-Nr. 94706
Abitur-Wissen Evolution	Best.-Nr. 94707
Abitur-Wissen Ökologie	Best.-Nr. 94708
Abitur-Wissen Zell- und Entwicklungsbiologie	Best.-Nr. 94709
Kompakt-Wissen Biologie– Baden-Württemb.	Best.-Nr. 84712
Kompakt-Wissen Abitur Biologie Zellen und Stoffwechsel Nerven, Sinne und Hormone · Ökologie	Best.-Nr. 94712
Kompakt-Wissen Abitur Biologie Genetik und Entwicklung Immunbiologie · Evolution · Verhalten	Best.-Nr. 94713
Lexikon Biologie	Best.-Nr. 94711

Geschichte

Training Methoden Geschichte	Best.-Nr. 94789
Geschichte 1 – Baden-Württemberg	Best.-Nr. 84761
Geschichte 2 – Baden-Württemberg	Best.-Nr. 84762
Geschichte – Bayern gk K 12	Best.-Nr. 94781
Geschichte – Bayern gk K 13	Best.-Nr. 94782
Abitur-Wissen Die Antike	Best.-Nr. 94783
Abitur-Wissen Das Mittelalter	Best.-Nr. 94788
Abitur-Wissen Die Französische Revolution	Best.-Nr. 947810
Abitur-Wissen Die Ära Bismarck: Entstehung und Entwicklung des deutschen Nationalstaats	Best.-Nr. 94784
Abitur-Wissen Imperialismus und Erster Weltkrieg	Best.-Nr. 94785
Abitur-Wissen Die Weimarer Republik	Best.-Nr. 47815
Abitur-Wissen Nationalsozialismus und Zweiter Weltkrieg	Best.-Nr. 94786
Abitur-Wissen Deutschland von 1945 bis zur Gegenwart	Best.-Nr. 947811
Kompakt-Wissen Abitur Geschichte Oberstufe	Best.-Nr. 947601
Lexikon Geschichte	Best.-Nr. 94787

Politik

Abitur-Wissen Internationale Beziehungen	Best.-Nr. 94802
Abitur-Wissen Demokratie	Best.-Nr. 94803
Abitur-Wissen Sozialpolitik	Best.-Nr. 94804
Abitur-Wissen Die Europäische Einigung	Best.-Nr. 94805
Abitur-Wissen Politische Theorie	Best.-Nr. 94806
Kompakt-Wissen Abitur Politik/Sozialkunde	Best.-Nr. 948001
Lexikon Politik/Sozialkunde	Best.-Nr. 94801

(Bitte blättern Sie um)

Erdkunde

Training Methoden Erdkunde	Best.-Nr. 94901
Erdkunde Relief- und Hydrosphäre · Wirtschaftsprozesse und -strukturen · Verstädterung – Baden-W.	Best.-Nr. 84901
Erdkunde Relief- und Hydrosphäre · Wirtschaftsprozesse und -strukturen · Verstädterung	Best.-Nr. 84901A
Abitur-Wissen GUS-Staaten/Russland	Best.-Nr. 94908
Abitur-Wissen Entwicklungsländer	Best.-Nr. 94902
Abitur-Wissen USA	Best.-Nr. 94903
Abitur-Wissen Europa	Best.-Nr. 94905
Abitur-Wissen Asiatisch-pazifischer Raum	Best.-Nr. 94906
Kompakt-Wissen Abitur Erdkunde Allgemeine Geografie · Regionale Geografie	Best.-Nr. 949010
Lexikon Erdkunde	Best.-Nr. 94904

Deutsch

Training Methoden Deutsch	Best.-Nr. 944062
Dramen analysieren und interpretieren	Best.-Nr. 944092
Erörtern und Sachtexte analysieren	Best.-Nr. 944094
Gedichte analysieren und interpretieren	Best.-Nr. 944091
Epische Texte analysieren und interpretieren	Best.-Nr. 944093
Übertritt in die Oberstufe	Best.-Nr. 90409
Abitur-Wissen Erörtern und Sachtexte analysieren	Best.-Nr. 944064
Abitur-Wissen Textinterpretation	Best.-Nr. 944061
Abitur-Wissen Deutsche Literaturgeschichte	Best.-Nr. 94405
Abitur-Wissen Prüfungswissen Oberstufe	Best.-Nr. 94400
Kompakt-Wissen Rechtschreibung	Best.-Nr. 944065
Lexikon Autoren und Werke	Best.-Nr. 944081

Englisch

Übersetzungsübung	Best.-Nr. 82454
Grammatikübung	Best.-Nr. 82452
Themenwortschatz	Best.-Nr. 82451
Grundlagen der Textarbeit	Best.-Nr. 94464
Sprachmittlung	Best.-Nr. 94469
Textaufgaben Literarische Texte und Sachtexte Baden-Württemberg	Best.-Nr. 94468
Textaufgaben Literarische Texte und Sachtexte	Best.-Nr. 94468
Grundfertigkeiten des Schreibens	Best.-Nr. 94466
Sprechfertigkeit mit CD	Best.-Nr. 94467
Englisch – Übertritt in die Oberstufe	Best.-Nr. 82453
Abitur-Wissen Landeskunde Großbritannien	Best.-Nr. 94461
Abitur-Wissen Landeskunde USA	Best.-Nr. 94463
Abitur-Wissen Literaturgeschichte	Best.-Nr. 94465
Kompakt-Wissen Abitur Themenwortschatz	Best.-Nr. 90462
Kompakt-Wissen Kurzgrammatik	Best.-Nr. 90461

Latein

Abitur-Wissen Lateinische Literaturgeschichte	Best.-Nr. 94602
Wiederholung Grammatik	Best.-Nr. 94601
Wortkunde	Best.-Nr. 94603
Kompakt-Wissen Kurzgrammatik	Best.-Nr. 906011

Französisch

Landeskunde Frankreich	Best.-Nr. 94501
Themenwortschatz	Best.-Nr. 94503
Literatur	Best.-Nr. 94502
Abitur-Wissen Literaturgeschichte	Best.-Nr. 94506
Kompakt-Wissen Abitur Themenwortschatz	Best.-Nr. 945010
Kompakt-Wissen Kurzgrammatik	Best.-Nr. 945011

Wirtschaft/Recht

Betriebswirtschaft	Best.-Nr. 94851
Abitur-Wissen Volkswirtschaft	Best.-Nr. 94881
Abitur-Wissen Rechtslehre	Best.-Nr. 94882
Kompakt-Wissen Abitur Volkswirtschaft	Best.-Nr. 948501

Religion/Ethik

Katholische Religion 1 (gk)	Best.-Nr. 84991
Katholische Religion 2 (gk)	Best.-Nr. 84992
Abitur-Wissen gk ev. Religion Der Mensch zwischen Gott und Welt	Best.-Nr. 94973
Abitur-Wissen gk ev. Religion Die Verantwortung des Christen in der Welt	Best.-Nr. 94974
Abitur-Wissen Glaube und Naturwissenschaft	Best.-Nr. 94977
Abitur-Wissen Jesus Christus	Best.-Nr. 94978
Abitur-Wissen Die Frage nach dem Menschen	Best.-Nr. 94990
Abitur-Wissen Die Bibel	Best.-Nr. 94992
Abitur-Wissen Christliche Ethik	Best.-Nr. 94993
Lexikon Ethik und Religion	Best.-Nr. 94959

Ethik

Ethische Positionen in historischer Entwicklung – gk	Best.-Nr. 94951
Abitur-Wissen Philosophische Ethik	Best.-Nr. 94952
Abitur-Wissen Glück und Sinnerfüllung	Best.-Nr. 94953
Abitur-Wissen Freiheit und Determination	Best.-Nr. 94954
Abitur-Wissen Recht und Gerechtigkeit	Best.-Nr. 94955
Abitur-Wissen Religion und Weltanschauungen	Best.-Nr. 94956
Abitur-Wissen Wissenschaft – Technik – Verantwortung	Best.-Nr. 94957
Abitur-Wissen Politische Ethik	Best.-Nr. 94958
Lexikon Ethik und Religion	Best.-Nr. 94959

Sport

Bewegungslehre (LK)	Best.-Nr. 94981
Trainingslehre (LK)	Best.-Nr. 94982

Kunst

Abitur-Wissen Kunst 1 Grundwissen Malerei	Best.-Nr. 94961
Abitur-Wissen Kunst 2 Analyse/Interpretation	Best.-Nr. 94962

Pädagogik / Psychologie

Grundwissen Pädagogik	Best.-Nr. 92480
Grundwissen Psychologie	Best.-Nr. 92481

Bestellungen bitte direkt an: STARK Verlagsgesellschaft mbH & Co. KG
Postfach 1852 · 85318 Freising · Tel: 08161 / 179-0 · FAX: 08161 / 179-51
Internet: www.stark-verlag.de · E-Mail: info@stark-verlag.de